休闲拾趣

主编◎王荣泰 陈金伟

新 华 出 版 社

图书在版编目（CIP）数据
休闲拾趣 / 土荣泰，陈金伟主编. ——北京：新华出版社，2015.7
ISBN 978-7-5166-1861-5
Ⅰ.①休… Ⅱ.①王… ②陈… Ⅲ.①家庭生活—休闲娱乐—通俗读物 Ⅳ.①G89—49

中国版本图书馆CIP数据核字（2015）第158751号

休闲拾趣
主　　编：王荣泰　陈金伟

出 版 人：张百新　　选题策划：要力石
责任编辑：张永杰　　封面设计：马文丽
责任印制：廖成华

出版发行：新华出版社
地　　址：北京市石景山区京原路8号　　邮　　编：100040
网　　址：http://www.xinhuapub.com　　http://press.xinhuanet.com
经　　销：新华书店
购书热线：010-63077122　　中国新闻书店购书热线：010-63072012

照　　排：尹　鹏
印　　刷：河北鑫宏源印刷包装有限责任公司

成品尺寸：145mm × 210mm
印　　张：10　　字　　数：200千字
版　　次：2015年7月第一版　　印　　次：2015年7月第一次印刷

书　　号：ISBN 978-7-5166-1861-5
定　　价：28.00元

序

梁　衡

什么是阅读，阅读就是思考，是有目的的，带着问题看，是一个思维过程。广义地说，人有六个阅读层次，前三个是信息、刺激、娱乐，是维持人的初级的浅层的精神需求，后三个是知识、思想、审美，是维持高级的深层次的精神需求。

一个经济体量巨大的国家，应该有与之相匹配的阅读生态。“一个不读书的民族，是没有希望的民族。”遍观周遭，浅阅读、碎片化阅读盛行，深阅读、慢阅读成为稀见之事。物质的繁荣替代不了精神的丰富，浅阅读也构建不起基础牢固的精神世界。人要多一些含英咀华来涵养自己。读文学，可以陶冶情操，滋养情怀；读历史，可以鉴古知今，明得失，知兴衰；读哲学，可以把握规律，增长见识。

心理学研究表明，一个人的思想意识、行为方式的养成，需要经历服从、认同、内化三个阶段。习近平总书记这样谈读书的作用:“读书可以让人保持思想的活力，让人得到智慧启发，让人滋养浩然之气。”在今年的《政府工作报告》中，李克强总理说：“阅读作为一种生活方式，把它与工作方式相结合，不仅会增加发展的创新力量，还会增强社会的道德力量。”阅读对于每个人来说，都会持续释放出个人潜在的极大力量。

《中国剪报》创办30年的历程，记录着社会进步，文化发展的变迁，也是30年来社会阅读精神史的记录。

《中国剪报》经新闻出版署正式批准于1991年元旦创刊，在全国率先开发报刊信息资源、服务经济建设。次年5月，《中国剪报》编辑部迁至北京。

30年来，《中国剪报》始终坚持“集千家精华，成一家风骨”的办报宗旨，立足主流媒体，把握正确导向，传递有效信息，传播适用知识，面向中老年读者。共刊发文章30万篇，文字总量1.5亿，发行总数达16亿份。为了适应中青年读者的需要，中国剪报社在2005年又创办了面向全国发行的《特别文摘》杂志。

《中国剪报》和《特别文摘》十分重视与读者互动，广泛征求读者对报刊的意见建议，自1992年以来已连续举办23届读者节活动，共投入资金240万元，参与人数达45万人次，获奖人数达3.4万，受到读者的普遍好评。中国剪报社还主动承担企业的社会责任，积极支持公益事业，先后在中国共产党早期领导人瞿秋白的纪念馆竖立“觅渡、觅渡、渡何处”的巨石文碑，在江西井冈山和云南大理捐建希望小学，向灾区捐款献爱心等，受到各界人士好评。社长王荣泰被中国报业协会授予“中国杰出报人奖”，报社荣获“中国报业经营管理奖”。

今年适逢《中国剪报》创办30周年。30年来我一直是这张报纸的读者、作者和朋友，见证了她的成长。现在，报社从《中国剪报》和《特别文摘》中精选出了近3000篇文章，编辑两套丛书共16本，既有经典美文，也有平凡故事；既有读史新见，也有百科揭秘；还有生活之道，健康智慧，等等。作为编辑部回报读者的礼物，也是向社会上所有关心过本报的人们的汇报。目前，“书香中国”“全民阅读”正方兴未艾。期望这两套丛书能为每个人的精神成长、社会文明增添新助力，贡献正能量。

目录

四季花卉

宠物常识

收藏爱好

运动旅行

四季花卉

哪些花儿口彩好

过年送花在近年来逐渐成为一种时尚，除了火炬、红掌、杜鹃等颜色鲜艳的盆花，还可以送一些具有“好口彩”的盆花。

一帆风顺　即白鹤芋，白色的佛焰花序亭亭玉立，好似一张撑开的帆，白鹤芋花叶俱美，且又耐阴，寓意吉祥。

金玉满堂　即富贵籽，豌豆大小的鲜红果实，宛如玛瑙挂于枝头，十分红火、热烈，尽显吉祥喜庆、富贵荣华，使人充满幸福感。

富贵竹　叶形纤秀，柔美优雅，茎节极富竹韵，盆栽水培皆宜。

长寿花　12 月至翌年 4 月开花，花期长达 4 个多月，寓意长命百岁、福寿安康，是馈赠长辈的理想盆花。

吉祥果　即火棘，入秋后果实累累，好似一颗颗红色的珍珠，颇有喜庆气氛。如果条件适宜，果实可一直保持到第二年花开。

金钱树　因其圆筒形叶轴上的小叶呈偶数羽状排列，且叶质厚实、叶色光亮，好似串起来的钱币而得名。金钱树四季常青，株形优美，大气而不失典雅。

平安树　即兰屿肉桂，叶片宽大，四季常青，能散发出净化空气的香味，可使人松弛紧张的神经。

发财树　即马拉巴栗，名字非常喜庆，株形优美，是春节期间的送礼佳品。

幸福树　即菜豆树，叶片小而翠绿，姿态婆娑，名字寓意幸福美满。

阳台花谱月历

1月报春花　花期12月至次年4月，第二第三年可照常开花，养护简单，喜阴凉爽，耐潮湿，怕暴晒，要求土壤肥沃，最适宜温度为15℃～25℃。

2月长寿花　春节前后开花，花期长达4个月。耐旱、稍怕涝，插枝就活，甚者叶子也可以用来扦插。

3月兰花　性喜阴，忌阳光直射，喜湿润，忌干燥，喜肥沃、富含大量腐殖质、排水良好、微酸性的沙质土壤，宜空气流通环境。

4月杜鹃花　喜凉爽、湿润气候，不耐暴晒干燥，富含腐殖质、疏松及pH值在5.5～6.5之间的酸性土壤最好。

5月海棠　5～10月开花，喜温暖、空气湿度较大、土壤湿润的环境，生长适温20℃左右，怕干旱，忌涝。

6月鸡冠花　常用种子繁殖，生长期喜高温、全光照且空气干燥的环境，繁殖能力强。

7月牵牛花　喜气候温和、光照充足、通风适度的环境，对土壤适应性强，较耐干旱盐碱，不怕高温酷暑，属深根性植物，地栽土壤宜深厚。

8月百日草　一年生草本植物，菊科，盛夏时开花，花期长

3个月，一般3月下旬播种。喜阳光，不耐寒，生长适宜温度为15℃～20℃。耐干旱，根深茎硬，不易倒伏。宜在肥沃深土层中生长。

9月百合　不要摆放在卧室，因为香味会使人中枢神经过度兴奋，引起失眠。喜欢充足的阳光，生长适温为15℃～25℃，抗旱性好，在冬天即使气温降至3℃～5℃亦不会冻死。

10月茶花　常绿灌木，通常在10月开花，翌年5月份终花。茶花适温在20℃～25℃之间，29℃以上时停止生长，环境湿度60%以上，大部分品种可耐—8℃低温，自然越冬，喜酸性土壤，并要求较好的透气性。

11月水仙　性喜阳光、温暖、湿润。开花前要2～3天换一次水，春节期间家庭养水仙宜放在阳光充足、通风良好而又远离暖气、火炉的地方。

12月紫罗兰　一般秋季播种，12月开始开花，花期长达4个多月。喜温和气候，怕渍水，适生于阳光充足、通风、排水良好的环境，土壤要求偏碱，忌酸性。

年宵花卉的选择与莳养

羽衣甘蓝　羽衣甘蓝在春节摆设观赏，宜在节前5天购入。挑选已显色的植株，无黄萎和虫啃咬的叶片为首选。莳养要点：羽衣甘蓝喜阳光，需要凉爽的环境条件，全年适温为

15℃ ~ 25℃。要使羽衣甘蓝在春节期间耐摆耐赏，首先一点是阳光要充足，浇水要充足，1~2 天浇水一次，通风要良好。光照充足，盆栽羽衣甘蓝的叶色就会越来越亮丽。直至花序抽出，开花结子。

风信子　风信子盆花一般可在节前 5 天购入。挑选花枝粗壮，已开花一半和有一半花蕾者较好。莳养要点：风信子是秋植的球根花卉，冬季喜温暖潮湿、夏季冷凉干爽的生长条件，生长适温在 15℃ ~ 20℃，光照要充足，浇水 5 天左右一次。花谢后（15 ~ 20 天）剪除残花，施入以磷钾肥为主肥料，以壮种球。

金钱树　要细看植株，不要被缎带或饰物所迷惑。挑选叶片粗壮，完整无损，生长匀称的盆栽。金钱树怕冷，叶片变黑表明已受冻害，不要购买。莳养要点：购入后置于室内光线明亮处，维持 20℃以上的室温，约 3 天浇少量水，维持盆土稍湿之状，每两个月在盆土表面撒些固态复合肥，直至室外气温恢复至 20℃以上时方可移至室外阳台栽培，接水盆切忌存水，否则会导致植株腐烂死亡。

灯珠花　灯珠花的叶片细小，购买时要留意叶片有无腐烂，果色是否全部变红、植株是否满布盆面。果已熟透快脱落者不要购买。莳养要点：灯珠花喜凉爽通风和柔和阳光照射，忌酷热和烈日暴晒，生长适温 15℃ ~ 25℃，冬季要在 5℃以上才能确保安全。生长期 4 ~ 5 天浇一次透水，在浇水间隔的时间要让盆土处于稍干状态，浇水时莫让叶片沾水，以防烂叶的发生，施肥每月一次，春节过后约 20 天，将果实摘除，移至半阴处培养。

春节花卉的花后处理

独蒜兰　开花后的独蒜兰可继续栽培。将兰株移至室外阳光充足处，将枯萎的花序剪除。如鳞茎基部长出新芽和新根，说明兰株已进入生长期，此时应加强水肥管理，直至冬季低于0℃时，独蒜兰会落叶休眠，暂停浇水。管理得当，来年会再开花。

巨兰　巨兰放于室内，春节摆设可维持一个月左右。当花朵渐渐落光，仅留光秆的花序要立即剪除，将兰株移至阳台半阴处继续栽培。如气温还未回暖至15℃以上时，应将其留于室内窗口光亮处，让兰株充分接受阳光，以免过阴造成兰株的新芽徒长，影响日后的生长和开花。

风信子　种球较大粗壮的植株，第一次开花后，过1～2个月又会伸出一个较小的花朵。花后至夏季高温时，植株会慢慢枯黄。风信子花后的球根也和水仙、郁金香一样，不经复壮和技术处理难以再次开花。

金钱树　春节后金钱树宜继续留在室内栽培，直至室外气温恢复至20℃以上时，方可移至阳台栽培。浇水不宜过多，否则会由于水分过多而导致植株腐烂死亡。如室内环境适宜，无须移至室外，给予正常的栽培管理，植株可长盛不衰。

灯珠花　春节过后约20天，将成熟的果实摘除，移至光线充足的半阴处，维持10℃以上的室温，直至春暖移至阳台半阴处栽培。给予充足的水肥管理，盛夏到来，要减少浇水和暂停施肥，直至秋凉才恢复。管理得当，待果实产生就可以再次移入室内，供摆设观赏之用。

春节插花最易犯的错

只买主花　一盆好花就像一台戏一样，有主角和配角。有配角的衬托，才能看出主角的好，整部戏也才好看。但是有些人只买主花，不买次花，结果花盆的效果大打折扣。

用高花瓶插花　高花瓶很难做造型，并且摆放的时候，周边要有背景，前面要有东西衬托，才能看出效果。所以对于没有学过花艺的人来说很难把握。

“大杂烩”　很多人春节买花的时候，喜欢什么花都买一枝，图个好兆头，但把这些花笼统地插在一个花盆里，不伦不类，和美一点也不搭边。

花太密　一些人把一个花瓶或花盆塞得满满的，其实这是不对的。花和花之间不要太近，这样你才能看到这朵花，没有细节是不完美的。

让花儿在节日绽放

节日期间，如果家里摆放几盆盛开的鲜花，会更增加节日的喜庆气氛，但是家养盆花在正常的栽培条件下，往往难以如愿以偿。于是人们就常人为地控制花卉的生长环境，达到提前开花或推迟开花的目的。

调节温度　一些春季开花的花卉，如牡丹、落叶杜鹃、碧桃、梅花、海棠、金盏花、瓜叶菊等，在冬季加温后，可打破休眠期而提前在春节时绽蕾开花。不同花卉，要求加温的时间也不同，如加温到 20~25 摄氏度，垂海棠可提早开花 15~20 天，牡丹提早开花 30~35 天，杜鹃提早开花 40~50 天。

改变光照　一些短日照花卉，如菊花、一品红、叶子花等，要在秋、冬日照较短时才能开花。可根据这一习性，在七八月份采用罩黑纸罩、移入暗室等办法，对它们进行短日照处理，就可提前开花。

控制水肥　利用高温干旱迫使一些花卉提早落叶进入休眠，以加速花芽分化，或在适当时候人为控制水肥，使其落叶，或摘除叶片，均可使一些花卉提早开花。

药剂处理　利用乙醚乙烯、乙氯乙醇、萘乙酸、秋水仙素、920 等生长刺激素处理，可以解除休眠，刺激生长，促使多种花木提前开花。

节后盆景重养护

蝴蝶兰应在花朵凋谢后将花梗整枝从基部剪除，最好放置在15℃以上的室内和靠近窗边光亮处。天热时要注意遮阴和维持在20℃～30℃的环境下，天冷时要注意保持温度在10℃以上，并要减少浇水，花芽出现后要暂停施肥，直至再度开花后方可施肥。

大花蕙兰花基本凋谢，就立即将花梗从基部剪除，把在室内摆放多时的盆栽植株移至阳台半阴处，在寒冷地区要移至室内靠近窗口处，切记温度应维持3℃～5℃以上，将病叶剪除，每周用百菌清或托布律500倍液喷洒植株，一般喷3～4次可达到防治目的。

春石斛应及时把残留的花梗从基部剪掉，并将开过花的植株移至室外阳台半阴处放置。这些老茎在花后一般会在基部长出新芽，此时要加强水肥管理。

猪笼草节后1个月左右就要将其移至靠近窗口的室内光亮处，保持室温在15℃以上，不要被寒风吹袭。如果室内湿度过低，就要设法增湿，可定期多次喷水或将盆栽植株放于鱼缸边。总之，保持高温高湿以及光照充足的环境是其继续存活的关键。

春节　巧选花卉扮居室

春节选择花卉，首先要依据当地的传统习惯；其次，要根据各自的居室条件和家庭情况来确定。

例如：家有老人的，为了尊老敬老，可以摆设几盆具有节日喜气和祝福老人的盆花，如象征“吉祥如意”的茶花、瑞香、水仙和君子兰等。

再如，在春节里，有老朋友、老同事或老同学来拜年的，为了相互祝贺和鼓励，可摆设兰花、金橘、发财树或五针松、梅花等盆景。兰花象征着诚挚相处的好友，古人比喻为“金兰之交”；金橘树果实累累，象征着事业上、工作上和学业上的成就与丰收；发财（才）树比喻为：通过自己的努力，施展了才华，取得了应有的丰厚报酬；五针松与梅花象征了傲霜斗雪、坚强不屈、战胜一切困难的性格和意志。

来客中有女友或未婚妻的，可摆放一盆文竹，因为文竹象征着东方女性的温柔和文雅。另外，再插一瓶鲜花，材料可用红月季、红玫瑰或康乃馨为主，数支百合花或扶郎花为配角，再配以满天星为点缀。这种主题突出，又不繁杂的插花，既包含了温馨浪漫的情爱，又有永结同心、百年好合的心愿所在。

此外，在用花卉装饰居室时，房间客厅大一点的，可多摆设几盆或摆放大一些的盆花；房间小的卧室、书房等，可摆设小一些的盆花。还有一点就是喜阳的花卉，如五针松、梅花、金橘等，可放置在阳光充足、空气流通的几案和博古架上。

适合新年摆放的花卉

仙客来　俗称萝卜海棠、兔子花、兔 耳花，是多年生常绿草本球类花卉。因其花形奇特，是冬日不可多得的观赏花卉。花色有白、雪青、淡红、绯红、玫红等。选购时以花繁叶茂者为佳。

山茶花　元旦至春节为山茶花盛开的季节，树姿优美，色彩缤纷，具有很高的观赏价值。一般选购叶片嫩绿有光泽的植株为好。

水仙花　又名凌波仙子。它的特点是素雅有茶香，花、叶俱美。在百花凋零的季节，水仙却能靠一勺清水、几粒石子生根发芽、开花报春，给人们带来盎然的春意。

迎春花　又名金腰带。立春前后花蕾初绽，月余不凋，金黄色的花朵镶嵌在青翠的枝条上，婀娜多姿。迎春花栽培有两种传统方式：一是把迎春与蜡梅、水仙、山茶植于一处，或同插在一个花瓶里，被誉为“雪中四友”，成为有名的新春花卉；二是选多年有畸形的老根栽培在花盆中，把盘曲老根提出土面，形成树桩盆景，显得古朴盎然。

一品红　又名圣诞花，选购时，一般以健壮并保留有 4 ~ 5 个枝条者为佳。花期较长，元旦、春节都可欣赏。

蜡梅　寒冬绽放，清香冷艳，花期绵长，花姿美丽。一枝无叶黄花插瓶，古色古香，别有雅趣。

万年青　万年青常被人们当作吉祥物的象征。叶绿果红，因叶片肥大而光合作用强，还具有净化室内空气的功能。

龟背竹　叶大呈椭圆形，长达几十厘米，主脉两侧常裂成龟甲状，终年碧绿，且极耐阴。可盆栽置于厅堂、居室，桌几上一般以摆设 4 ～ 6 片叶的植株为佳。

天竺葵　又名石蜡红、绣球花等。花期长，小花团聚，大花序形似绣球，花色有洁白、玫红、桃红、大红等。叶大，色绿，是花叶俱美的室内观赏植物。

春天种什么花

指甲花　又叫凤仙花。在花盆里撒一把种子就能发芽。凤仙花喜阳光、怕湿、耐热、耐瘠薄，适于疏松肥沃微酸的土壤。凤仙花适应性强，易成活，生长迅速。生长季节每天应浇水 1 次，夏季浇 2 次，雨天注意排水就可以了。

喇叭花　又叫牵牛花。它生性强健，喜气候温和、光照充足、通风适度，对土壤适应性强，较耐干旱盐碱，不怕高温酷暑。

满天星　几乎各种插花都少不了用它做装饰。阴干后还是天然的干燥花，放到衣橱里防潮又芳香。满天星可在 3~5 月的时候，15℃ ~25℃左右种植，约 7 天后就可以发芽了。

何首乌　是一味中药，也是一种极好的吊篮植物。它不怕冷也不怕热，只要有充足的阳光就可以。等幼苗长到20厘米左右时就可以把花盆吊起来，让它自然下垂，非常美观。

薄荷草　薄荷草越摘越茂盛，随便掐一根种到水里，它就会慢慢长成郁郁葱葱香味四溢的绿苗。

温室盆花的春季养护

芍药　4月植株生长茂盛，应及时施肥并剥除侧蕾，一般一茎一花。注意保持土壤湿润。

君子兰　春季可以翻盆、分株，并加强肥水管理。注意用深盆，花盆口径不宜过大，否则影响开花。

文竹　春季可以换盆、分株，伤根宜少。清明出室，修剪老枝，浇水需见干见湿，保持土壤湿润，忌烈日，并每月施肥一次。

牡丹　4月修剪、剥芽、浇水、施肥，开花前半个月要停止浇水、施肥。花后及时剪去残花，松土并施以含磷肥料，以利花后生长及花芽分化。

梅花　3月花后应及时将病虫枝、徒长枝、纤弱枝、重叠枝和枯枝剪去。对树势强或幼龄树宜轻剪，树势弱或老梅桩宜重剪；强枝轻剪，弱枝重剪。枝干粗度超过1厘米不宜重剪，因为梅花枝干较硬，伤口不易愈合。如果因为生长或造型确实需要重剪的，应在伤口封蜡以减少伤口的水分蒸发以及病虫害的侵染。花后还要注意及时浇水、施肥、除虫。春末要及时除去不必要的萌芽和新枝，对保留的枝条要给予摘心，这样既可以防止枝叶生长过密，增加通风透光，又可以避免植株营养分散，促进花芽的萌发以及新枝的生长。

茶花　清明前后即可移至室外。春末、夏初花芽开始分化，注意增施含磷肥水并进行适当遮阴，注意茶花盆土酸碱度的调整，土壤偏碱不利于茶花生长。

杜鹃　清明后逐渐出室，增施肥水，花后应及时摘除残花，进行整形修剪并施肥。

米兰　4月下旬出室，忌低温干旱大风，应经常喷水增湿。米兰春季发芽时扣水是控制营养生长、促使开花的关键。春末应对生长3年的盆花进行换盆，换盆后半个月应少浇水并避免烈日暴晒，促进早发新根。

春防君子兰烂根

浇水过量　浇水过多，温度过高，加上通风不良，君子兰就会烂根。

施肥过多　化肥的刺激性太大，短期内能促使叶片快长，以后容易引起叶片萎缩和烂根。

温度过高　特别是育苗期，底温保持在22℃左右即可，不要把育苗盆、箱长时间放在热源附近或其上。

培土发酵不足　不论哪种营养土都必须充分发酵，掺杂发酵后会产生高温，烧烂肉质根。

肥料发酵不足　施豆饼、麻籽、鱼腥水等都必须经过充分发酵，生肥施到盆土中会产生高温，烧烂肉质根。

选盆错误　选用了透气性很差的瓷盆、塑料盆养君子兰，容易将根茎捂烂。

早春及时修剪月季

早春，月季的根开始在土壤里伸展，这时的修剪是最重要的。温暖的地区在 2 月下旬，较寒冷的地区在 3 月或 4 月进行修剪。修剪时，对两年以上的大棵月季需剪去植株的 1/3 左右，并从基部剪除病虫枝、枯枝、弱枝和重叠枝、交叉枝。前一年发出的新枝生长最旺，这样的主枝留下 2~3 条，最多 5 条，根据植株原来的生长情况，一般在距地面 50 厘米左右，在健壮芽上方 1 厘米的部位，用剪刀修剪。植株分枝老化的部位，粗糙而且突出，其间没有壮芽，因此也要剪掉。

2~3 年的主枝中间部位是新芽多发部位，所以修剪时只留 10~20 厘米即可。一般想要开花多，就应进行弱剪，即对长势健壮、开花频繁的植株，剪去 1/3；想要花开得好，不求花多，就进行强剪，即对长势差的植株只保留 2 ~ 3 个主枝，可剪去 2/3；对长势正常，株型端正、勤开花的品种，可剪去 1/2 左右，这种情况称为中剪。

在修剪的同时要做次消毒，以防止或减少病虫害的发生。在修剪后 20 天左右，芽开始萌动，要想使花开得好，就要根据主枝的粗细留芽，粗枝留 3~4 个芽，铅笔粗细的枝留 1~2 个芽，其余全部去掉。天气寒冷的地区，萌芽较迟，可推迟去芽时间。

早春浇花宜用温水

早春用 40℃以下的温水浇花，可使花卉根壮、叶茂、花艳，并可促使各种花卉提早现蕾开花。

花株上部叶和茎的平均温度一般都高于根部的温度，再加上叶和茎在进行光合、呼吸和蒸发三大作用时，其细胞活动都比较快，因此需要根部及时供给足够的水分和养分。如果这时根部温度过低、细胞活动缓慢，就会直接影响花株上部叶和茎的快速生长。常用 30℃ ~ 40℃的温水浇花，能相对提高土壤温度，加快土壤中各种有机物的分解，促进花卉根部细胞的吸收和分裂，充分供给花株上部叶和茎对养分的需求。

早春栽培风信子

早春季节，正是风信子开花的时候。风信子原产南欧、地中海沿岸，喜阳光充足、冬季温暖湿润、夏季凉爽的环境。家庭栽培风信子一般都是像栽培水仙那样，在花市上购买商品球。

风信子的鳞茎球买回家后，栽入大小合适的花盆中，为增加观赏性，可数株栽于一盆，盆土宜用疏松透气的沙质土壤或普通的花卉栽培土，还可用陶粒、石子等无土介质栽培。栽后浇透水，放在阳光充足处养护，经常浇水，勿使盆土干燥。等花序出土后移至半阴处，以使花序能迅速生长，尽快高出叶面而开花。栽培过程中，温度不要过高，最好维持在 15℃ ~20℃，一旦超过 25℃，植株就会生长缓慢，使花序夹在叶丛中伸不出来（俗称“夹箭”）。由于鳞茎球内储存有充足的养分，能够满足其开花的需要，因此栽培中一般不必另外施肥，但为使花大色艳，也可每 10 天左右向植株喷洒一次 5‰的磷酸二氢钾溶液。开花时移至阴凉低温处，以延长花期。

鲜花闹春

仙客来　寓意：迎接尊贵宾客的到来

养护贴士：仙客来喜凉怕水，一般半月浇水一次即可。为其浇水时应一次浇透，感觉干透时再浇下一次。切忌浇水不透或常浇水。

君子兰　寓意：品格高洁、高贵、宝贵，有君子之风

养护贴士：君子兰喜温暖，怕热也怕冷，室温最好控制在

15℃～20℃，昼夜温差最好保持在6℃～10℃，否则花箭长不到适当高度就开花，会出现“夹箭”现象。君子兰为肉质根，怕水渍，浇水过多会使根部窒息甚至烂根，盆土以稍干为好，可每隔20天左右浇一次水。浇水水温不宜过低，应与室温相当。

杜鹃　寓意：前程似锦、事业成功

养护贴士：杜鹃适宜在肥沃、疏松、排水良好的酸性土壤中生长；花盆一般用透水、透气能力强的素烧盆为好，不耐浓肥，要求薄肥勤施；见干见湿，重点浇透。

迎春花　寓意：福如东海，寿比南山

养护贴士：迎春花适应性强，喜光、耐寒、耐旱、耐碱、怕涝；欲令迎春提前开花，可适时移入中温或高温向阳室内，放置于13℃左右的室内向阳处，每日向枝干叶喷清水1～2次，20天左右即可开花；如置于20℃左右室内向阳处，10天左右就可开花。开花后，应适当降低室温，并注意不要让风对其直吹，可延长花期。

金玉满堂　寓意：富贵吉祥

养护贴士：多见光、耐阴，浇水原则为见干见湿；果实不能拉拽，不能直接对着空调吹风。

梅花　寓意：顽强、倔强、挺拔向上的精神象征，并有传春报喜之意

养护贴士：平时要保持盆土湿润，注意不干不浇，防止盆中积水；梅花喜阳，所以一定要放置在阳光充足、空气流通的地方。

家庭盆花春季如何养护

1．繁育好苗。月季、天竺葵、石榴、迎春等可在春季剪取健壮枝条扦插。杜鹃、茉莉性喜酸性土壤，可剪取粗壮新枝 5 ~ 10 厘米，除去下部叶片，保存顶叶 3 ~ 4 片来扦插。扦插可以黑山泥、蛭石或黄沙为介质，扦插的枝条适度喷雾，以保持一定湿度，一般经过一个月左右即可生根。兰花、龙舌兰、吊兰可以在早春分别以分株或匍匐枝来繁殖。

用种子播种的春播草本植物，如文竹、五彩辣椒、含羞草、凤仙花、一串红、牵牛花、孔雀草类，可进行撒播或点播。播种方法：先在盆中装上土壤，稍压紧后播上种子，再覆盖细土。播种后的浇水，一般把花盆放入水盆中，让水慢慢从盆底渗入。大多数在播种后 1 ~ 3 周即会发芽，发芽后将盆移至阳光处。小苗长出 2 ~ 3 片叶后，即可分苗移栽，移栽时注意不要伤根、茎。

2．翻盆换土。这是春季盆花补肥的一种方法，一般小盆一年翻一次，大盆 3 ~ 4 年翻一次，植株高大的需换大盆。有些根系生长过密或有枯根、腐根的，需适当修剪。翻盆后一般第一次水要浇透，然后放在阴凉处，以后看到盆土干燥再浇水，待长出新根后再进行正常浇水并移至阳光处。

3. 整枝修剪。杜鹃、迎春等不宜过分修剪，石榴、月季等可在早春把枯枝、伤枝或生长过密的枝叶剪除。茉莉在换盆时要摘除老叶，促使其萌发更多新枝。藤本攀缘性植物如爬山虎、木香、紫藤、蔷薇等可进行整枝，使其叶面尽量被阳光照射到。

注意早春盆花不要过早移到室外，以免遇到冷空气侵袭而受冻害。浇水可随气温升高而增多。

春季花卉换盆正当时

每年春季是盆栽花卉换盆的最佳季节，换盆后不仅创口容易愈合，而且可使花卉获得所需要的营养物质，为全年茁壮生长打下良好的基础。

万年青、马兰花、石竹花、芍药花、西番莲、百合花、石斛兰、丽春花、郁金香、秋海棠、美人蕉、金莲花、霍香花、蜀葵花、款冬花、芦荟花、雪莲花、菊花等多年生草本花卉，因其生长迅速，消耗养分快，应每年换盆一次。

桂花、梅花、桃花、月季花、丁香花、山茶花、石榴花、牡丹花、迎春花、玫瑰花、茉莉花、蔷薇花、绣球花、素馨花、金雀花、栀子花等多年生木本花卉，可隔一年换盆一次。松、柏、竹等常绿花卉，由于生长缓慢，消耗养分慢，可隔 2 ~ 3 年换盆一次。树桩盆景或大型盆景等观赏花卉，可在原盆内做环形换土、修剪老根须，隔几年再换盆一次。

换盆时，如果是使用新盆，应事先把它放入肥水中浸泡2 ~ 3天再使用。换盆所用的培养土最好能用已晒干的鱼塘泥，把它砍成2厘米见方的小方块状。如果找不到鱼塘泥，也可用已晒干消毒的菜园土来代替。换盆时，应先取两片小瓦片垫在花盆底排水孔上，然后再在盆底铺上一层培养土，接着把已除去老根和朽根的花卉移入花盆中央，再在花卉根部周围施一些花肥，覆盖上培养土，压实至距花盆口 2 ~ 3 厘米处。最后，给花盆浇透水，把盆花移至通风、阴凉、太阳晒不到之处，待过 7 ~ 10 天，才能把盆花移至阳光下让其自然生长。

清明后给花换盆

清明节过后花草开始疯长，因此，此时是给喜阴花卉换盆的绝好机会。因为此时的湿度正好符合喜阴花卉的要求。

换盆前几天要控制一下浇水的量，盆土干燥些有利于脱盆。如果原盆不值钱，可以直接敲碎，这样能减少对植株的伤害。换盆时要注意不能伤到根部，而且一定要注意保存原土，同时提前准备好营养土和较大花盆。换土时先把盆底垫上 1/3 新土，然后把植株放入继续填土，不要让盆土中有缝隙。对于不耐涝的植物，别忘了在盆底铺上一层渗漏层。如果多年没有换盆的植株，最好将外围的宿土去掉部分。换好土后植株比较脆弱，先放在半阴处并浇透水，尽量加强空气湿度，两周后植株就会又活泛起来。

阳春月季要翻盆

3 月是月季翻盆的最好时节。由于月季抗逆性强，对季节的反应非常敏感，而 3 月气温升高，月季开始萌发新芽，在此时进行翻盆能较好地保存养分，同时在翻盆后可使月季在最佳生长季节定盆生长。

翻盆时，株大盆小的要更换大盆，耗尽养分的陈土要被新的培养土替代，对老根要彻底剪除，对密枝、徒长枝、过长枝要结合修剪一并剪除。同时，要下足底肥。

月季翻盆后要浇足水，不需避阴，也不需搬到室内，放到阳光充足、通风良好的地方就可以了。20 天后，月季基本定盆生长，此后即可开始追肥催苗。

红掌的春季养护

1. 控制温度　适宜红掌生长的白天温度为 21℃ ~25℃，夜间温度为 18℃ ~20℃，昼夜温差 3℃ ~6℃最为适宜。春季温度的起伏较大，容易出现“倒春寒”，要避免低温对红掌造成伤害。

2. 重视通风 由于春季温度升高，而夜间温度仍然较低，温差的增大容易导致室内的湿度增加，从而增加了病虫害发生的概率。因此，应定期通风，降低室内空气湿度。

3. 调整光照　在早春气温不超过 25℃时，应将植株放置于光照充足的环境下培养；在春季后期应移至半阴处培养。太阳光强烈时，中午应该对红掌进行遮阴。但是光照也不可长时间较暗，否则会影响后续开花，而且叶片易失去光泽。

4. 预防病虫害　春季，要警惕蚜虫、红蜘蛛、叶斑病、细菌性枯萎病等常见病虫害，一旦发现，要立即进行防治。

树桩盆景的夏季养护

夏季树桩盆景养护最重要的是注意防高温暴晒，特别是那些喜荫蔽的植物。如原产于我国南方的棕竹，夏季畏烈日、忌缺水，性喜温暖湿润，故平时要多浇水，以保持水分，宜在荫棚培养。还有铁树、佛肚竹、虎刺、六月雪、兰花等均应如此。特别是兰花，更要注意遮阳，切忌强烈日光照射。

一般的喜阴的树桩，可在夏季的早、晚端于室外透透风，中午则宜放置在室内以防晒。

夏季的树桩盆景生长旺盛，为了保持其造型，增加观赏性，就必须进行必要的摘芽、摘叶和修剪等工序活。如槭树在伏天摘除叶子，到了秋末叶子会更为红艳；枸杞在夏季摘叶，到了秋天时绿叶红果，相互辉映，显得更为好看。

对原生在南方而不耐寒的树桩，最好在初夏翻盆。翻盆之后，不要立刻放在日光或风吹的地方，宜放在无风半阴处两星期左右，再检查其叶片情况，如恢复了原状，方可短时间放置于阳光下，切忌久晒。

另外，夏季给树桩盆景施肥时，一般宜施干肥，如磨成粉末或敲碎成小粒状，施在盆土的表面。这个时节，气温较高，湿度较大，容易发酵，每次浇水时就会自然分解，养分就会随水慢慢渗入土壤中被盆景树桩吸收。

茉莉的夏季养护

茉莉喜阳光，光照强则枝干健壮，叶色浓绿，花多而香，阳光不足则节稀花少而不香。

茉莉不耐旱，但又忌积水，夏季炎热晴天每天要浇水两次，早、晚各一次，如发现叶片卷垂应喷水于叶片，促进生长。

盛夏高温季节是茉莉生长的旺期，多施有机肥和磷钾肥，如花生饼粉、骨粉、过磷酸钙以及多元素花肥，每月施两次。茉莉在夏季生长期常出现枝叶繁茂但不开花的现象，主要原因是施了过多的氮肥，造成枝叶徒长，遇到这样的一种情况要控制肥水，增施磷钾肥，促使孕育花蕾，同时要注意把茉莉移到阳光充足、通风良好之处。

茉莉开花期不要喷水于花朵，降雨时应把盆栽茉莉移到避雨处。

夏季，茉莉花进入盛花期，要注意保持盆土湿润，茉莉花喜肥，每隔 3 ~ 5 天就要追施 1 次腐熟的稀薄液肥，或者在浇花时掺入少量的淡液肥。

花谚说，“茉莉不修剪，枝弱花少很明显”，“修枝要狠，开花才稳”，夏季修剪很重要。花败后的枝条要及时留下 3 ~ 5 节，剪去顶梢，以促使萌发新芽，保证花旺。

四季海棠夏季咋管理

四季海棠喜温和湿润的气候，气温在 25℃左右生长发育较好。

四季海棠度夏宜放在阴凉通风的地方或放在树荫下。放在露天的四季海棠，下雨时可将盆放到或移至避雨处。夏季浇水应注意干湿相宜，盆土以湿润为度。过干会引起叶片萎蔫或焦枯；过湿积水，易引起根部或茎部腐烂，造成植株死亡。幼苗或扦插苗度夏，10 天追施一次液肥；老植株度夏可少施或不施肥。

夏季君子兰栽培指南

施肥　夏季炎热，且多雨水，一般应停止施肥，以免烂根。一般可 10 ~ 15 天施一次稀薄的豆饼液肥。施肥前盆土要干，以便吸收。同时注意不要把肥水沾到叶上，以免造成叶片皱缩，可在施肥后进行叶面喷水。

浇水　夏季气温高，蒸发量大，一般每天早晨要浇一次水，具体还要看天气和盆土干湿而定。夏季浇水要本着不干透不浇水，浇则浇透的原则，不要使盆土不湿不干，否则叶片生长细弱。浇的水最好是贮存的雨水，自来水经沉淀 24 小时方可使用，以防土壤变质。若遇连续阵雨，需及时侧盆倒水或搬到室内，如果盆土排水不畅，积水时间长，植株肉质根易腐烂。

除箭　君子兰的正常花期是元旦至春节期间，此时光照条件最适宜其孕花育蕾开放。君子兰每天只需 3 ~ 5 小时光照时间。为了延长花期还可将光照时间缩短为 2 ~ 3 小时，并放于低温处。君子兰冬、春花期可达两个月之久，但如果夏季抽箭过多（20 ~ 30 朵），则冬、春季开不出好花，且只能开放 15 ~ 20 天，因此夏季应及时剪除花箭，防止消耗营养，影响冬、春季正常生长和开花。

夏季盆花如何管理

一、浇水施肥。早、晚各浇水一次，浇水量依植株大小、天气情况和盆土干湿程度而定。夏季花卉生长快，要及时供给充足的肥料，施肥的次数宜多浓度宜低，一般每隔 7 ~ 10 天施一次腐熟的稀薄液肥，对于喜酸的花卉，可每隔 10 天左右施一次矾肥水，施肥在傍晚进行，施前注意松土。

二、合理修剪。对春播草本花卉，长到一定高度应及时摘心，促使其多分枝、多开花；对金橘等木本花卉，当年生枝条长到15 ~ 20厘米时也需摘心，以集中营养，满足开花结果的需要。对菊花、茉莉、月季等观花盆花，应疏除部分花蕾，促使花大色艳；对盆橘、佛手、石榴等花卉，也应疏除过密花蕾或幼果，以集中营养，使花朵饱满，结果充实。

三、遮阴蔽雨。对性喜光照的花卉，应放在阳光充足处养护，但盛夏时对米兰、扶桑、菊花等应略加遮阴。雨天应将盆花放在雨淋不着的地方，以免植株被淋和盆内积水，造成烂叶和烂根。应将休眠的植株放在阴凉、通风处，避免强光照射和雨淋。

四、病虫防治。夏天菊花、月季易发生褐斑病、白粉病，可喷50%多菌灵1000倍液防治。虫害主要是蚜虫和红蜘蛛，虫量少时可人工捕杀，发生严重时可用中性洗衣粉1克兑水100毫升喷洒防治。

五、花木繁育。夏季是一些常绿花木扦插的适宜时期，如扦插米兰、茉莉、杜鹃、扶桑等容易成活。夏季也是一些花卉播种适期，如三色堇7月初播种，可在国庆节前后开花；瓜叶菊在7 ~ 8月播种，可在严冬季节开放；大岩桐、香石竹在8 ~ 9月播种，可于翌年夏季开花。

五月及时防治病虫害

家庭养花常见的病虫害有黑斑病、黄化病、介壳虫、蚜虫、红蜘蛛等。在家庭环境里，防治病虫害，不宜使用化学农药，因为化学农药在家庭范围内扩散，对人造成的危害比较大。可采取如下安全防治法：

不使用未经消毒的杂土栽植花卉，防止把病毒带入盆内；

注意通风、通光，避免高温，并经常用清水喷洗植物枝叶，保持花木清洁，促使健壮成长，增强自然抗菌力；

不施未发酵的肥料，如粪肥、豆饼肥等，防止给病虫造成繁殖条件；

发现枝叶黄化病，应及时剪除，平时用泡烟、泡核桃等枝叶的水喷洗花木，这些对防治蚜虫、红蜘蛛等很有作用，还可用喝剩的啤酒刷洗枝叶、防治介壳虫。

君子兰夏季防徒长

夏季又到了，对于君子兰来说，是个休眠的季节。但养护不好，它的叶片会徒长，影响花期。防止君子兰徒长应从以下四方面入手。

一是遮光防晒，家庭莳养可在窗上加纱布、纱帘等进行遮光，花窖可采用塑料遮光网、苇帘进行遮光。

二是防暑通风降温，加遮光网除减少光照强度的同时也起到降温的作用，通风透气也是防暑降温的一个主要措施。

三是向室内窖内叶片喷水达到降温的效果。

四是降低花架或将花盆直接摆到花窖地面以达到降温的效果。

如果夏季采取以上措施创造防暑降温、遮阳、通风的环境，改变君子兰夏季的半休眠状态，可定期施用少量水肥即可达到君子兰正常生长的状态又可达到防止叶片徒长的目的。

仙客来怎样度夏

仙客来花形奇特，绚丽多彩，花期长，颇受人们喜爱。但仙客来怕夏季高温，生长适温为 15℃ ~25℃，28℃以上开始休眠，38℃以上易受热腐烂。

叶片干枯时，表明仙客来进入了休眠期，此时应逐渐减少浇水，使盆土干燥，除去干枯的叶片。立夏后应把盆放在室内无阳光照射又淋不到雨的通风、阴凉之处，否则易引起烂根或烂球。也不能过干而使球茎失水，应每隔一个时期用喷壶喷浇些水。从 5 月中旬开始停止施肥，并注意通风，天气炎热时要喷水降温。盆土应做到宁干勿湿，否则易致球茎腐烂。8 月下旬气温开始下降时少量浇水，待芽开始萌发时，可以进行翻盆，同时加强水肥管理，增加光照，以利花芽形成，春节前后便能陆续开花。

夏日如何制作竹盆景

夏日里在居室里放置一盆微型竹子盆景，其情景想必十分赏心悦目、清爽怡人。

竹子属于浅根性植物，特适于制作盆景。去花鸟市场选购一种叫作水竹或斑竹的小竹品，再选择一只浅长方形的瓷盆或紫砂盆作为移植盆，将一丛带宿土的小竹移植盆中，偏栽在一侧，埋上一层适宜的细土，再浇洒些水至细土湿润。接着把竹枝叶全剪光，让其重新透青萌生小笋。待新竹破土而出后，再略微予以修剪，留住挺直且略粗的，剪去歪斜且细弱的，以去芜存壮。

为了防止竹子蹿枝拔节过快，要经常摘去竹子的顶芯，将竹子的平均高度控制在40厘米左右为宜，使之叶青竿直、疏密有致。

在造型上，不妨在竹林的一些空隙之处配以奇石、青苔等，作为衬托点缀之物，使之意境更加完美。这样一来，江南水乡、竹林茅舍的诗情画意定会映入眼帘。

常春藤夏季养护要点

1. 注意温度。花叶常春藤在 15℃ ~25℃时生长良好，夏季高温闷热，对其生长十分不利。当气温升到 28℃以上时，需放置在室内凉爽通风处或室外半阴处。7~8 月间气温上升至 32℃以上时，应将其置放在空调室内，以免受热害。

2. 水分供给。常春藤类植物属多年生观叶藤本植物，平时应保持盆土湿润，气温超过 30℃的七八月份，植株停止生长，此时浇水应间干间湿，同时停止施肥，以免叶片发生干枯。

3. 湿度保持。保持空气湿度也是花叶常春藤夏季养护的关键。盛夏应每天向叶面喷洒 2~3 次水，为植株的生长创造适宜的环境。

4. 防病虫害。常春藤夏季病害主要以蚧壳虫为主，少量虫害可用牙刷蘸肥皂水刷干净，过多可用氧化乐果千倍液喷洒防治。

谨防盆花“中暑”

遮阴防晒：夏季光照强、热度高，若不进行适度遮阴，容易灼伤叶片和细根，造成盆花长势不强、枝叶枯黄。

散热降温：大多数花木的适生温度为 20℃ ~30℃，而我国多数地区夏季的最高气温超过 30℃，若不及时散热降温，会导致植株矮小、花量减少、花期缩短。

散热的方法有：1. 通风散热：将盆花放在通风处或电扇旁，靠风的流动来散热。2. 亮蔸散热：对君子兰、郁金香等耐旱不耐热的球根花卉，在炎热时除去表层盆土，亮出球根顶部以散热。3. 松土散热：对根系不太发达的盆花如君子兰、秋海棠等，撬松表层和盆壁周围的盆土，让其透气散热。

降温的方法有：1. 喷水降温：每天用细眼喷壶在盆花枝叶上喷水 3~4 次，以降低叶面温度。2. 增湿降温：每天向花盆四周的地面洒水 2~3 次，既可增加周围的空气湿度，又可降低气温。3. 遮阴降温。4. 垫湿降温：在花盆下垫一块吸湿保水的厚块泡沫或在盆底铺一层湿沙，以降低盆钵温度和提高局部空气湿度。5. 水盆降温：将盆花放在水盆里，盆内的水深仅淹住花盆底部，每天午前换冷水一次，既可降温又可增湿。有水池的地方，可将一块木板放在水面上，再在木板上放盆花，也有降温增湿的效果。

盛夏养花四防

防暴晒。一些喜阴或原产于热带、亚热带地区的花卉，如兰花、龟背竹、蕨类、一叶兰、万年青、棕竹、文殊兰、南天竹以及茶花、杜鹃、珠兰、栀子等大都不适应夏季强光环境，要求荫蔽度保持在 50% ~ 80%。还有些花卉，如倒挂金钟、君子兰、马蹄莲、秋海棠、仙客来、天竺葵等性喜凉爽气候，最怕炎热高温，在30℃以上的气候条件下，常生长不良，往往呈现休眠或半休眠状态。因此，夏季培育这类花卉应将盆株置于稍见阳光的凉爽或通风的半荫窗台、树下、通道等处，有条件的可用苇帘或荫棚遮光，切忌放在阳光下直接照射。

防积水。夏季雨水较多，花盆内容易积水，若不及时排出盆内积水，土壤中的水分形成饱和状态，盆土严重缺氧，会造成花卉的死亡，特别是仙人掌类和一些肉质根的花卉，如万年青、君子兰、大丽花、龟背竹、大岩桐、四季海棠、菊花以及夏眠花卉，更要防止雨淋和雨后盆内积水。

防窝风。夏季高温多雨，空气湿度大，盆株若通风不良，容易发生病虫害，如红蜘蛛、蚜虫、白粉虱，以及白粉病、黑斑病等。因此，如遇阴雨不停、空气湿度过大时，要加强通风。

防徒长。对一些草本花卉可控制浇水次数和浇水量（俗称扣水），以促使枝条壮实，开花繁多，避免徒长。同时，采取修剪的办法对花卉植株局部或某一部位进行剪理，如对一串红、翠菊、百日草、千日红、万寿菊等进行摘心，能抑制枝条徒长。

仙人掌类植物度夏要点

大多数仙人掌类植物的生长适温为15℃~30℃。夏天持续的高温会使植株生长变得缓慢，甚至停滞或处于半休眠、休眠状态。夏天，仙人掌类花卉栽培管理应注意以下几个方面。

1. 水分：多数种类进入夏季，即使气温很高，也不能随便浇水。浇水时间应选择在日出前或日落后。

2. 光照：仙人掌类花卉大多数都喜欢在阳光照射下生长，但在炎热的夏天，应减少强光直射，避免植株被强光灼伤或因其体内水分过量散失而致死。因此夏季的正午要给予遮阳。

3. 通气：栽培仙人掌类植物和场所需要通风，因为新鲜空气能促进植株的新陈代谢，增加养分的吸收能力，通风不良易造成病虫害的发生。

4. 湿度：多数仙人掌类植物适应于30% ~ 60%的相对空气湿度。所以应增加植株周围的空气湿度。可经常用喷雾器向植株周围喷水，降低周围的湿度。

夏菊死亡有五因

一是用土不当。栽植菊苗的土有机质含量低，土壤结构不良，通风透气性差，不能满足菊苗生长发育对养分和氧气的需要。

二是浇水不当。浇水过勤过多，盆土不易收干，新根得不到正常的再生。

三是高温影响。高温引起气候干燥，盆土过于脱水，在强光照射下枝枯叶焦。

四是新根受渍，遇雨后盆内积水引发烂根。在新根萌发时施用过浓的液肥，幼根常易被浇伤而腐烂。

五是害虫危害。主要有地老虎、蛴螬、菊蚜、红蜘蛛等，特别是菊蚜，越是干旱发生越多，为害越严重，也易导致菊苗枯萎死亡。

夏天养盆吐氧植物

植物呼吸时，有些是吸入二氧化碳、呼出氧气，叫吐氧植物；而有些则正相反，为吸氧植物。经测试，在夏季只要温度达到30摄氏度以上，植物的呼吸作用就会大大增强，吸氧植物呼出的二氧化碳比冬季要高很多，造成室内空气质量大幅下降。1个5平方米的房间，1株植物1夜8小时呼出的二氧化碳，可使室内二氧化碳浓度上升0.3%。每千克植物在夜间进行呼吸，平均每小时呼出的二氧化碳则为1毫克。夏季开空调紧关窗户，空气不流通，居室二氧化碳将更加聚集，争夺氧气，对人体形成潜在危害。

如果养盆吐氧植物，就可以补充居室内的氧气。蝴蝶兰类植物就是吐氧植物。蝴蝶兰在白天关闭叶片背面的气孔，到了晚上待周围环境气温降低到适当的温度后，才开启叶片背面的气孔，排出氧气，吸收二氧化碳。仙人掌类植物如仙人球、令箭荷花等也是吐氧植物，它们可以在晚间呼出氧气，在清新空气的同时，可使室内感觉湿润温和。

另外，还有凤梨科植物，如紫花凤梨、红掌丽穗凤梨、火炬凤梨、七彩菠萝等；龙舌兰科植物，如酒瓶兰、金边虎尾兰、金边短叶虎尾兰、棒叶虎尾兰等；花木类植物，如中国兰类、巴西铁树、富贵竹等都是吐氧植物。

阳台花卉度夏六招

断肥控水法：停止给花卉施肥，并严格控制浇水的数量和次数。有些阳台花卉在夏季处于休眠或半休眠状态。此时如果施肥，则等于火上浇油，将加速球茎的腐烂；如果浇水过多，势必造成盆土积水，导致整株腐烂。

嫁接换根法：这种办法是针对仙人掌科一些附生种类而言的。例如蟹爪兰、令箭荷花等，生性喜欢凉爽、潮湿、半阴的环境，根系不够发达，它们的扦插苗很难度过炎热的夏季。如果将它们嫁接到大刺仙人掌或三棱箭上，利用强大的根系吸收养分，则能安全过夏。

户外养护法：对于一些喜欢半阴、凉爽、潮湿生长环境的木本花卉，例如西洋杜鹃、茶花等，如果放在向阳面的阳台上过夏容易死亡。但如果将它们搬到室外，放在楼房北侧半阴的环境下莳养，则很快就会恢复生机。

室内北侧窗台放置法：对于君子兰等怕热怕晒的花卉，将其放在北侧的窗台上，适当地控制浇水，再加上合适的肥料，是最安全的过夏法，能保持较好的长势。

素砂暂养法：这种办法是指把已经出了问题的花卉，暂时养在素砂中，让其慢慢恢复元气。例如将已经落节的蟹爪兰茎节片扦插到素砂中，待其发根恢复长势后再移栽或嫁接。

通风降温法：为了降低阳台的温度，提高湿度，可采用往阳台地面喷水的办法，让水蒸气将热量带走。但与此同时必须适当通风。

六月雪　感受夏季凉爽

六月雪又称满天星，每年 5 月起开花，6 月为盛开期，枝头开满白色小花，片白似雪，故得其名。

六月雪喜温暖、半阴、湿润的环境，夏季怕强光暴晒，应放在半阴半阳处养护。

冬末春初，六月雪萌芽前需进行一次整枝修剪，剪掉徒长枝、过密枝、病枝、细弱枝等，保持树姿美观（使树冠呈不等边三角形）。

生长期应适时浇水，但盆内不可积水，以防烂根。气温高时要对叶片喷水。秋末气温逐渐降低，要减少浇水。

六月雪在生长期间萌发力很强，对生长过旺的枝梢要摘心，抑制枝梢徒长，对根部萌发的蘖枝也应及时摘去，保持树形美观。在六月雪花朵全凋落后，要剪除着花枝梢，促使萌发新芽。

入秋　细心采集贮存种子

一、掌握好采种子的时机　采集种子，看种子皮壳呈黄或黑色即成熟，否则即炸开散落，“抢青”也不行，因为种子如不成熟，来年会不出苗或出弱苗。

有的花卉上边开花、下边结种，如鸡冠花、“棉花”花要边赏花边采子。蒲公英种子用嘴一吹，绒毛(种子)即飞，正是采摘时机，否则会随风飘走。最好在晴天早晚采不炸裂，尽量用剪刀剪种子托，不会劈坏花茎。对根块种子(如大丽花、美人蕉等)，寒冷地区在秋季经过一两次霜后即可挖回。

二、保管好花种　颗粒花子如蒲公英、麻绳菜、驱蚊草等花子粒小、量轻，要采下后放到盘里晾晒，最好盖个透气网罩以防被风吹跑，两三天即干；金丝荷叶、石榴等花子粒大、量重，需晾一周左右才能干。

种子晒干后，要用薄纸包上并注明品种、颜色、采集时间等，以便来年“各取所需”。

把晾干的花种装在布袋里，吊在阴凉透风处，并注意防止虫蛀鼠咬，对挖回的根块种子不要用水洗，稍干后贮存在沙土中或堆放在室内一个角落里，温度保持在5℃~7℃即可安全越冬，最好不要放土豆或红薯窖内，因气温高易烂。

秋剪杜鹃花四法

1. 摘心　为抑制长枝和强枝的过分生长，扩大树冠，应将植株外侧尚未完全木质化的新梢摘除，如植株内侧枝条过稀，也可适当摘心，以充足内侧。

2. 除芽　入冬杜鹃花生长出的芽，一般当年不能孕蕾，应将根须顶部的蘖芽和枝条上过多的芽除掉，且要随生随除。

3. 疏枝　入冬将所有的病枝、枯枝、弱枝从基部剪除，部分平行枝、重叠枝、徒长枝、过密枝适当进行修剪，增强通透程度。

4. 短截　立冬后，结合造型剪短反向枝、辐射枝、萌蘖枝，则既利生长，又使株形美观。

木本花卉秋季扦插

山茶、含笑、杜鹃、桂花等木本花卉在秋季也能进行扦插，秋季扦插的成活率比较高，一般都在 80% ~ 90%。木本花卉秋季扦插关键要注意以下几点。

一、扦插时间。寒露至霜降期间，即 10 月中下旬为宜。

二、插穗选择。插穗要求年龄小，木质化程度低，即选用当年生由绿色转向黄褐色的健壮嫩梢做插穗。插穗长 5 ~ 10 厘米，保留上部 2 ~ 3 片叶，入土深度为插穗长的 1/3 ~ 1/2。

三、扦插用土。以富含有机质的沙质土壤为最佳，呈酸性，且土质疏松、排水透气良好。

四、插后管理。插后浇透水，并用透明的塑料薄膜盖住插床，以便保温、保湿。插床忌阳光直射。1 周后可进行叶面喷水，以后保持土壤湿润即可。20 天后，若观察到插条叶片健壮、挺直，颜色鲜绿，表明扦插苗已成活。经过 40 天左右，节间处可发出 2 ~ 3 条幼根。此时已入冬季，要特别注意保温和防寒风。应将插床移入室内，使床温保持在 5℃。第二年 3 月，气温回升后，去掉插床上的薄膜，给予扦插苗适当的光照，保持土壤湿润，并加施薄肥。待 4 月上中旬，幼苗已长出 6 ~ 7 条根时，即可移栽上盆。

菊花秋季管理

及时抹去叶芽　叶腋中出现的芽苞，每 7 ~ 10 天就要将新枝、新芽用刀片除掉，以减少消耗营养，集中孕蕾开花。

强化水管理　菊花在整个生长季节里，应始终节制浇水，可浇半水（不浇透），应在上午 10 点前后浇。

施肥　菊花喜肥，在 8 月立秋后开始追肥，每 10 天一次。进入 9 月每 5 天追一次，可施磷肥为主的肥。

及时疏蕾　进入深秋，菊花的花蕾很多，枝顶端称主蕾，其下面的为副蕾，当主蕾有黄豆大小时，在梗略有伸长，主蕾与副蕾易于辨别时进行疏蕾，把副蕾剥去。最好留一副蕾备用，否则主蕾损坏了无法补救。疏蕾与抹芽均应在晴天下午进行。

矮化处理　花市有售“矮壮素”，按比例配水，每 10 ~ 15 天进行一次水溶液喷洒叶片及土壤。

设支柱　在花蕾基本长成后，用细竹竿、芦秆支撑枝条蟠架，使花分布均匀、高矮一致、不易倒伏。蟠架时应在晴天下午枝叶稍萎蔫时进行，对于过高枝条可分 2~3 次进行，达到高矮一致，否则易折断。

秋季养花四注意

一、控水肥：起花前一个月，停止施大肥、浇大水。起前半个月，停止施肥，控制浇水，一般以中午叶片萎蔫，傍晚恢复为度，以控制花卉的生长态势，使花株幼嫩部位增强耐伤性，同时也防止土坨散碎，以提高成活率。尤其是肉质茎、叶类花卉，更应控制浇水量。

二、起花坨：起花时，应根据花冠大小来决定土地的大小。一般土坨表面积应略大于花冠，直根系木本类花卉（如橡皮树、石榴等）起时土坨宜深些，须根系草本类花卉（如长寿花、海芋等）可浅些，但尽量要将根系全部挖出，少伤根系。

三、上盆：花木起出后，根据花盆大小用水将土地外围浸湿，剥去多余的泥土，使土坨直径略窄于花盆直径 2~4 厘米，土坨高度低于盆高 3~5 厘米。花盆底部垫碎瓦片堵眼，填入培养土 2~4 厘米，并加一些蹄角片，适当修剪根系后，轻轻将带花土坨放入盆内，四周用培养土填实。

四、管理：上好盆后，剪去部分老叶，以减少水分的蒸发。浇透水，并放在遮阴处养护，常向叶片喷洒清水，以降温增湿，经 15~20 天后，便可转入正常管理。

秋凉给君子兰换盆

天气转凉，正是君子兰生长的黄金阶段，每年到了这个时候就应当给君子兰换盆。

2~4 片叶的君子兰应用 10 厘米的盆，5~8 片叶用 13 厘米的盆，9~12 片叶用 17 厘米的盆，13~16 片叶用 23 厘米的盆，17 片叶以上用 27~33 厘米的盆，不要用塑料盆、瓷盆、南泥盆，最好用简式陶瓦盆。

秋季君子兰生长旺盛，需要肥量较大。因此，除换盆时在盆底放发酵的豆饼渣、骨粉、炒熟的大麻籽或兔粪等做底肥外，还可在盆土上部放些炒熟的苏子、猪血粉等。如有条件每半个月可施一次发酵的豆饼水或鱼腥水。

另外，为了使君子兰正常开花，秋天不要急于搬到室内，应在室外经过 5℃左右的低温处理 10 天左右。在此期间要少浇水，停止施肥，白天应给予适当光照。

秋天：择时请花入室

一般的，在日平均气温下降到5℃左右时，把花盆移入室内比较合适。根据花卉的品种不同，搬入室内的有先后之别，如茉莉、米兰、扶桑、含笑、柑橘、文竹和仙人掌等热带花卉要早些入室；桂花、石榴、月季、葡萄、麦冬、松柏等花卉应在霜降前移入室内；大丽花、菊花不怕寒冷，越是晚秋花开得越盛，可以迟些移入室内。但是这些花卉也怕寒霜的袭击，所以要在寒霜到来之前移入室内，并把花盆放在室内的向阳处，以便这些花卉继续开花。月季花如果需要冬眠，可以在室外多放一段时间，直至落叶后再移入室内低温处，如果冬季还想观赏，一定要提前移入室内。

花卉搬入室内需要有个过渡期，任何花卉都不能骤然移入室内，更不能大量浇水或放在室内不通风的地方，因为这样会使花叶脱落，花根烂掉，以致死亡。花卉入室初期，每天的中午需要搬出来见见阳光，待7~10日后再定置于室内，并要将盆花放置在适宜花卉生长的地方，如喜欢阳光的花卉要放在窗台阳光处，喜阴的花卉则要离阳光远一些，还有一些花卉则不应固定放在一个地方，而要经常随阳光进行移动。

畏寒花卉的越冬管理

四季海棠　越冬温度不得低于12℃。忌多浇水，但要保持空气湿润。

茉莉　越冬温度不得低于5℃。整个冬季不要施肥，浇水量要少，盆土不干不浇，水多了易烂根。

天竺葵　越冬温度要控制在8℃~12℃。不宜多浇水，否则枝叶旺长，但不开花或少开花。浇水要干透浇透，常施些追肥，整个冬天可不断开花。

扶桑　越冬温度不要低于10℃。不施肥，浇水不宜多，盆土不干不浇。

四季米兰　越冬温度应保持12℃左右，低于5℃就会被冻死。如果越冬期阳光不足，即使温度在12℃左右，也有死亡危险。盆土干时才浇点水。

茉莉花入冬枯死的原因

1. 温度不适：越冬期间放室内阳光充足处，白天宜保持10℃ ~ 13℃，夜间应保持在5℃ ~ 10℃，不能过高或过低，并注意通风换气。

2. 肥力不足：茉莉十分喜肥。盆土中保持充足的肥力，是保证其壮而花多的重要条件。春季开始至 10 月下旬，每 7 ~ 10 天施一次复合肥水。

3. 浇水不当：冬季浇水是茉莉养护管理成败的关键。原则上尽可能少浇水。不干不浇，一定要等盆干叶软时再浇水，水温以略高于土温为宜。

4. 土质过碱：茉莉喜微酸性土壤，碱土长期板结造成盆土缺氧导致枯死。

5. 防病虫不力：茉莉易受红蜘蛛、介壳虫及白绢病、炭疽病等病虫害，应及时喷药防治。

多肉植物越冬法

许多多肉植物原属热带植物，如仙人掌和仙人球类、君子兰类等。冬季，这些多肉植物往往会“水土不服”，受冻而死。下面为大家介绍一种简便的多肉植物越冬法。

用泡沫保鲜盒（如蛋糕盒、水果盒）等锯掉上顶内框，放入三分之一容量半饱和珍珠岩、蛭石或沙土，花木去盆，带土植入盒内。剪一片透明塑料布置于盒上用于透光。将其置入向阳处，可保温防冻，而且可保证植株正常生长。

必须注意的是，用以上方法时，需要定时揭开覆盖物让花木“透透气”，否则小环境内温度过高，湿度过大，容易导致植株

“烧死”或烂根。

冬季种盆耐冻的“草”

冬季来临，不妨种一盆莳养容易且耐冻的佛甲草。

佛甲草是景天科景天属多年生肉质草本植物，高 10 ~ 20 厘米，茎初生近直立，后下垂。叶呈线状至线状披针形，三叶轮生，少有对生，在阴暗处呈绿色，日照充足时为黄绿色，聚伞花序顶生，花茎直立，茎梢着重繁密的星状花。花小，五瓣、黄色，花期 5 ~ 6 个月。

佛甲草性喜冷凉，极耐干旱、喜光照，也耐阴，它还具有一定的耐寒性，在零下 10℃还能继续生存。它对土壤要求不严，在多种土壤中都能生长得不错，在排水良好的土壤上，甚至可以忍受 pH3.7 ~ 7.3 的酸碱范围。佛甲草属多浆植物，含水量极高，其叶、茎表皮的角质层具有超常的防止水分蒸发的特性，在冬季一个月不浇水也没有关系。

佛甲草繁殖可用分株分茎、种子繁殖或者扦插繁殖，以扦插为主，一年四季都可以进行。生长季管理简单，少有病虫害，略施一点有机肥或复合肥就可以了。

牡丹越冬

牡丹品种有很多，盆栽多选用适应性强、花期较早且花形较好的品种，如洛阳红、二乔、赵粉等。这是一种温带的木本花卉。它耐寒，喜较凉气候。

牡丹越冬方法：立冬后搬入室内，放在凉爽房间的向阳处，室温保持 0℃左右即可。次年清明后出室放背风的向阳处养护。越冬期间只需浇 3 次透水即可。一是浇定植水，牡丹一般入室后浇透水一次；二是 3 月初再浇一次透水；三是 4 月上旬出室前后再浇一次透水，并逐渐恢复施肥即可。

冬种牵牛花管理要点

秋季及时选择和采集优良花色的牵牛花种子，立冬后，将种子播于盆土。盆土要求埋施三四片马掌或掺匀少量麻渣面做底肥。播种后，用 25℃左右的温水浇透盆土，并盖玻璃板或套上塑料袋，置于温暖向阳的窗台上。小苗出土后，及时去掉覆盖物，经过间苗、蹲苗，最后选留 2 ~ 3 株壮苗，竖以架杆，引导蔓茎上爬，任其自然生长、开花。

平时，只要注意适时浇与室温相近的水，始终保持光照充足，防止叶片遭受冻害即可。当牵牛花小苗子叶或1～2片真叶展开后，及时摘掉顶芽，强令其植株矮化而直立，这样子叶和真叶的叶腋便可孕蕾开花，孕蕾开花可显得花冠硕大、花色艳美。

如果分时段播种多盆，而且每一盆里播有多种花色的牵牛花种子，这样花开时则此起彼伏，一日一新，可使冬季居室内平添情趣。

盆花的冬季管理

随着天气转冷，盆花一般陆续移入室内，入室前先将花卉及花盆上的泥土、脏物冲洗干净，剪除干枯枝、病虫枝。盆花冬季管理应注意以下五点。

一、温度。冬季室温应保持在15℃～20℃。不同花卉需要的温度不同，同一室内不同部位的温度也不一致，应根据各种花卉对温度的不同要求，在室内合理摆放。仙客来、蟹爪兰、瓜叶菊、茶花等冬春季开花的花卉应放在窗台或靠近窗台阳光充足的地方；文竹、南洋杉、吊兰可置于离窗台较远的地方；苏铁、龟背竹、橡皮树等可放在阳光照不到的地方。

二、湿度。冬季室内有取暖设备，空气易干燥，可适当喷水或在盆花附近放盆清水，以增加空气湿度。植株上有灰尘时，要及时用水冲洗干净，以利于其进行光合作用。

三、通风。在气温较高的晴天中午，可开窗通风换气，这样可减少病虫害的发生。阴天或雪天气温低时，应不开或少开窗。

四、浇水。冬季气温低，盆花应控制浇水，以免盆土过湿引起根系腐烂。浇花用水应经过日晒，在水温与室温接近时使用。浇水时间宜在中午前后。

五、施肥。冬季处于休眠状态的花卉，应停止施肥。花期在冬季的君子兰、仙客来、蟹爪兰等花卉，一般一个月左右追施一遍液体肥料。

名花冬季需用罩

冬季气候干燥，家庭养花除了要经常喷水外，对于一些要求湿度较高又较名贵的花卉，如茶花、杜鹃、君子兰可用塑料薄膜罩起来，既能增加湿度，又可防寒、防灰尘。

做罩一般可用竹片或者铁丝扎制一个架子，可以是圆形、扁形、单面斜屋脊形，或者您根据空间、习惯、爱好扎制的其他形状，然后外面罩上塑料薄膜，注意要留有通风口，以防空气不流通，湿度过大，造成花卉腐烂。

让菊花安全越冬

家庭栽植的菊花，开花后入冬就会枯萎，所剩茬根是宿根，越冬后春季复发新芽，还可以分根移栽。冬季管理主要以保护茬根安全越冬为主。

室内越冬：放盆地方温度虽要求不严，但为了不使菊花因室温高而发芽徒长消耗养分，最好还是选放0℃～5℃室温地方，并要控水不需追肥，浇水只是维持茬根所需水分。

如放室内较冷的地方，可用白色塑料袋套1~2层连盆包裹扎口，盆面上支撑留有一定空隙，就可以起到保温保水分又不烂根作用。

室外越冬：栽植在室外地上的菊花，虽经冬季冰天雪地不怕冻，春季照常发芽生长。盆栽菊花，要把花盆内的茬根和盆土整体倒出，然后浇透水，使四周土沉实不留空隙，就会像在地上栽植的菊花一样安全越冬。另外，还可以用塑料袋套裹。

让仙人球安全过冬

入冬后，仙人球便要搬入室内常见阳光的地方，如果温度低于5℃时，较小的球体可用罐头瓶罩起来，大的球罐头瓶装不下，可用塑料袋把整个盆套起来；如果仙人球较多，可根据球的数量，钉一个木箱（纸板箱亦可）把球放入箱内，然后用塑料膜罩起来，注意箱子密封不要透气，最好在箱内装上一个40W的灯泡，当天气预报温度到零度时，晚上开灯保温，再用旧布做一个棉套子套在球箱外层。

仙人球在过了严冬之后，还得注意春天出室这一关。春天时暖时冷，气候多变，千万不要着急过早出室，更不要在早春浇水，一定要到谷雨前后，气温稳定了，才能搬至室外，进行正常养护管理。

别让盆栽芦荟着凉

一、盆栽芦荟冬季在5℃时其生长处于停滞状态，温度越低，对芦荟的危害越大。因此，若室内有取暖条件时，可直接将盆栽芦荟搬入室内越冬。

二、应保持芦荟盆土干燥，15 ~ 20天浇一次水，天气冷时可减少浇水次数或不浇水。若室内空气干燥，可进行叶面喷水。

三、盆栽芦荟除合理施用有机肥外，还应适时追肥，冬季40~50天追施一次。通常用浓度不超过2%的尿素溶液等浇施，叶面肥浓度以不超过0.1%为宜。

四、冬季宜让芦荟多见阳光，平常可将芦荟置于避风向阳或朝南的位置。一般于上午9时后移出，下午3时前移入室内。此外，在植株外面也可套一透明塑料袋，这样既不影响阳光射入，又可提高温度、湿度。罩袋时间不能太长，否则太阳一晒，袋内温度升高，又不透气，会使芦荟受到损害。

栀子花越冬管理

一是控制温度。栀子在冬季基本处于半休眠状态，对温度要求不高，室内一般只需要保持3℃～5℃即可。

二是控制浇水。栀子花在冬季要经常注意盆里的干湿情况，如发现盆土发白见干，必须浇水，水温要在15℃～20℃，并要浇足浇透。浇水时掺入少许硫酸亚铁，增加土壤的酸性。以后，不干不浇，以防烂根。

三是控制光照。花卉入室后，不宜放在直接向阳的窗口，光线不需过强，只需达到半光或散射光即可。

四是防治病虫害。栀子花易受红蜘蛛和吹棉介壳虫的侵害。若发现虫害，要及时喷洒40%乐果乳剂800～1000倍液。栀子花常见病是黑霉病，症状如叶片涂上一层黑灰，可用湿布擦拭，再喷洒退菌特500倍液即可。

冬养文竹要注意

冬天不宜给文竹多浇水。文竹没有休眠期，但是冬天生长比较慢，需要的水分就少。水太多容易使根部受损，也会造成叶子发黄。但是要注意保持盆土湿润，不能让土干。

文竹属于热带植物，对湿度有一定要求，在气候干燥的冬天，可以朝叶面喷水保持湿度。在非冬季的温暖季节，浇水时应该掌握“见干就浇，浇则浇透”的原则，多浇一点也不要紧，文竹是比较喜欢水的。

文竹属喜阴植物，除了冬天可以晒一会儿太阳外，其他季节都必须放在遮阴的地方，否则很容易长不好。文竹具有趋光性，会朝着有光一侧生长。因此要经常挪盆，让长得少的一面向光。

如何抢救被冻茶花

冬天过后，家养茶花如果出现叶片萎蔫不振、卷缩、枯而不凋的现象，就可能是被冻伤了。如果顶芽仍旧挺拔，则还有抢救的希望。

具体方法是：用塑料袋连盆底一起套住，放置到室内阴凉处。若盆土干了，就少加一些水，不要加得太多，否则盆土过湿，会促使其早死。经过 30 天左右的观察治疗，如果枯萎的老叶逐步开始脱落，顶芽开始萌动，那就成活有望了。但此时仍不可疏忽大意，应继续套上塑料袋，并放置在原处，盆土稍干忌湿。到五六月份，顶芽开始放新叶时，逐步去除塑料袋，放置到室外阴凉处养护，到梅雨季节生长就正常了。

花木冬剪

花木通过修剪，可使其枝条分布均匀，降低消耗，调节树势，从而使花木树形整齐、姿态优美，达到多开花、多结果之目的。

花木修剪主要是在冬、夏两季进行。冬季修剪是指休眠期的修剪，时间范围是从秋末枝条停止生长时开始，到翌年早春顶芽萌发前为止。

冬季修剪重点是根据不同种类花木的生长特性进行疏枝和短截：疏枝是指剪除密生枝、交叉枝、徒长枝、纤弱枝、病虫枝及枯枝，以利于通风透光，减少病虫害的发生；短截是指将枝条的一部分剪短，使其生长侧枝，以让树冠分布均匀及其树形比较优美。

梅花、碧桃、连翘、迎春、丁香、海棠、紫荆等都将在春天开花者，花芽都是在前一年生的枝条上形成的。因此，冬季不能重剪，只能剪除无花芽的秋梢。

凡在当年生枝条上开花的花木，如月季、扶桑、茉莉、一品红、夜来香、紫薇、金橘、佛手、木芙蓉等，则应该在冬季里重剪，促使其第二年多萌发新梢、多开花结果。对于观叶花木，应根据冬季气温来决定修剪的时间，如果气温较低，则应在入室前修剪；如果气温较高，应在翌年出室时修剪。

葡萄有天牛虫害怎么办

庭园里种的葡萄树枝干上有时会有一个个小洞，并有黄色粉粒状的东西从洞口排出。不久，枝干部分先萎蔫后枯黄，果实和叶片也就脱落。这是被天牛害虫危害树干所致，一经发现必须及时消灭。消灭办法：找到树洞，用细铅丝插入洞内，把天牛幼虫从洞内慢慢钩出来杀灭。如果洞小，钩不出来，可向洞内注入“灭害净”，把它毒死在洞内，然后用水泥补好洞口，堵塞虫洞。如果某些枝条，从上到下都受到虫害，已无法挽救，那么只好把全部病枝剪去销毁。

除了天牛害虫，还有红蜘蛛等虫危害，可用杀虫剂或杀螨药喷洒，也可用碾碎的大蒜浸出液喷洒。

盆栽茶花有八怕

一怕：小苗种在大盆里　花盆过大，则浇水后盆土久湿不干。这样很容易导致茶花的肉质根腐烂。

二怕：弱苗施肥　对于不太健壮的茶花不要施肥，否则不但不能起死回生，还会加速其枯死。正确的做法是：先确定植株瘦弱的原因，然后“对症下药”，待它开始生长时再少量施肥。

三怕：花期中施肥　茶花花苞膨大到透明时，就不要再施肥了。花期施肥会造成花蕊发黑、发焦，且会缩短花期，影响花卉观赏效果。

四怕：用尿素追肥　对于幼小的茶花苗，施尿素后会造成叶片大量脱落。如果肥料浓度掌握不好，还将造成植株枯死。

五怕：挂蕾过多　花不在多，而重在质量。过多的花蕾会使茶花的养分入不敷出，严重影响第二年的生长。

六怕：久不翻盆　茶花最好每年翻一次盆，同时配合换土、修剪根系。不然会越长越小，甚至会不开花。

七怕：长期摆放室内　室内光线不足、通风受阻，这对于观花植物来说非常不利。因此，应尽量将它摆放在能够接受阳光照射的地方。

八怕：冬季室温过高　室温超过 16℃，茶花的隐芽就有可能提早萌发，这将导致植株体内的营养被分流。因此，气温高于5℃以上时不必急于入室，一旦入室，则室温要控制在 5℃ ~10℃之间，宜低不宜高。

养水生植物要防蚊

家里养水生植物，可改善空气，而且清凉美观。然而，大量的水生植物也会成为蚊虫繁殖的天堂。如何防止蚊虫滋生呢？

水生植物泥养或者沙养　泥养，是在花缸里加土，将植物种在土里，加上水，分量大概是“早上浇水，晚上能蒸发到露出土面”。沙养，就是加入沙子，水不浸过沙面，这样蚊子就没有游泳池了。

水里养鱼　可以放养柳条鱼、朱文锦、孔雀鱼、盖斑斗鱼等，特别是柳条鱼，一昼夜可以吃掉 40 ~ 100 只孑孓，5℃ ~ 40℃的水温都可以生存，堪称“食蚊鱼中的战斗机”。

“热杀法”　有些水生植物喜阳光，不时可以搬到室外晒一晒，午后花缸温度上升，孑孓就煮成汤了。这个方法尤其适合比较浅的花缸。

加装防蚊罩　织得紧密的铁网或纱网都可以，这样会隔绝蚊子在水面产卵的机会。

常换水　常换水是最基本的防蚊办法，就算你家的水特别干净，也必须 5 ~ 7 天换一次。

盆栽鸡冠花

盆栽鸡冠花宜选用疏松肥沃、排水良好的砂质土壤做栽培基质。鸡冠花喜微潮偏干的土壤环境，稍耐旱，在生长季节宜水分充足。除定植时在花盆底部施用 25 克左右的鸡粪等作为基肥外，生长旺盛还应每隔半个月追施 1 次富含磷、钾的稀薄液体肥料。

在鸡冠花生长旺盛阶段，要将植株置于每天接受日光直射不少于 3 小时之处。夏季应该保持环境适当通风。秋季将气温保持在较高状态，有助于延长植株的观赏时间。

为使鸡冠花颜色开得鲜艳，在生长期浇水不宜过多，开花后控制浇水，天气干旱时适当浇水，阴雨天及时排水。

灭苯能手常春藤

常春藤又称洋常春藤、钻天风、三角风等。它吸附苯的能力很强，一盆常春藤能消灭 8~10 平方米的房间内 90% 的苯。

常春藤对土壤要求不严，一般多用肥沃的疏松土壤做盆栽基质。盆栽一般每盆 3~5 株。

它的生长适温在 15℃ ~20℃，夏季酷暑须放置阴凉通风处。平时较耐干旱，浇水要见湿见干。一般生长期，特别春、秋两季应适当施肥，每两周施一次液肥。在植株生长过程中，应注意修剪，以促使多分枝，使株型丰满。

常春藤的繁殖以扦插为主，一般在生长季节进行，也可结合修剪进行。一般剪取长约 10 厘米的 1~2 年生枝条做插条，插于有疏松培养土的花盆中（大叶的加拿利常春藤在扦插前枝条必须先浸泡，然后再取出扦插）。扦插后置于较高空气湿度和稍阴的环境中，保持基质湿度。两周左右可生根。生根后，可分段剪下种植。

茉莉花怎样换盆

茉莉随着植株的长大，小盆容积和盆土的养分已经不能适应根系的生长，此时就要及时换大盆。小盆每年要换，大盆可两年换1次。时间可在4月下旬或7月上中旬进行，换盆前要停施水肥。

换盆前要对茉莉花进行修剪，将断根、损伤根和过长根剪除，使剪口平滑，这样有利于发根；然后将花苗根部置于盆中，一手扶苗，一手填入培养土，使土盖满全部根系，再将植株向上提一下。土不得填得过满，以便浇水。培养土通常采用4份堆肥、4份园土和2份细沙混合。栽好后，压紧填土，随即浇1次透水，以利根土密接，恢复生长。

一般选用泥盆为好，因为泥盆有利排水通气，有利根系的发育生长。

新买的花卉怎样养护

首先要浸根　先把新买来的花卉根部浸放在水盆中3～4小时，让花卉的根部充分吸收水分，并把裹在花卉根部上的泥团轻轻洗去。

花盆要合适　如花卉的根部很大，花盆也要适当增大，如根部较小，也不要用太大的花盆，如花盆较大，内装土壤则多，土壤通透性较差。

适当修剪　花种好后，可适当修剪。如新买的月季，可酌情剪去上部的花朵和枝条，以促进萌芽。此外，新种的花卉不可马上施肥，待 1 ～ 2 个月后花卉萌发新芽，再按照薄肥勤施的原则进行施肥。

驱蚊草养护注意事项

1. 营养土配制。幼苗期生长极快，所以在幼苗期换盆要勤。六个月内使用泥炭土 6 份、蛭石 1.5 份、珍珠岩 1.5 份、煤炭灰 1 份的专用自配营养土，pH 值微酸偏中性，也可购买配好的商品（pH 值 5.5 ～ 7）观叶基质土。六个月以后植株适应性极强，可随意用土。

2. 温度控制。适宜生长温度 10℃ ~25℃。15℃以上即能正常散发柠檬香味，温度越高散发香味越浓。适量向植株叶片喷水雾，可使香味不断释放。

3. 光照调节。驱蚊草喜阴，夏季要加强遮阴。

4. 水肥管理。每次换盆后应浇一次水，缓苗 10 天后开始施肥，可以少量施用饼肥和淘米水等。夏季高温应少浇水，不施肥。

怎样使绿萝青翠可爱

绿萝性喜温暖多湿及半阳环境，冬季室温不得低于15℃，要使绿萝常年青翠可爱，需要采取以下措施：

1. 适宜的光照。绿萝耐阳性较强，家庭莳养可常年放在窗边附近室内培养，夏季遮光50%。如果光照不足萝茎徒长，节间变长，叶面黄化脱落。夏季强光直射，叶色暗淡，叶片变小，灼伤叶缘，叶片黄化。

2. 适当浇水。绿萝喜湿润，常年需保持盆土湿润，切忌干燥。夏季需向叶面喷水，冬季气候干燥时，每隔两三天用温水喷浇一次叶片。

3. 合理施肥。由于绿萝生长较快，生长旺季每隔半月施一次液肥。

只要蔓茎不黄烂，按照上述措施，很快会长出新叶。

如何盆栽芦荟

盆土　要求芦荟的盆土疏松、肥沃。要有良好的排水、保肥、透气等性能。盆栽芦荟最好用泥盆，不宜用瓷盆和塑料盆，因为透气性差，易烂根。

种植　种植时期以5月上旬为佳，春季或秋季基本上也可以。应当注意避免潮湿的梅雨季节或气温超过30℃以上的盛夏。

温度、光照　芦荟叶片具有良好的储水功能，干旱时也不枯死，耐干旱、怕积水，喜光、怕阴湿，耐高温、怕寒冷。最好放置于室外通风和光照好的地方，但在炎夏要适当遮光，冬季放在高于5℃向阳的地方即可安全过冬。

浇水　芦荟最怕长期积水，土壤过湿会因根部缺氧而腐烂枯死，平时向叶片喷雾或淋水，保持稍湿即可，待盆土过干时浇水。冬季休眠期更要保持土壤干燥。

施肥　一般采用腐叶土和粗砂各半再掺点腐熟的马粪粪干，鸡鸭粪更好。通常可以不施肥，生长期也可以施2～3次腐熟的稀薄液肥或淘米水，则生长更好，不宜施过浓的肥。

换盆　芦荟生长较快，宜每年春季换一次盆。

种植　一般采用扦插方法进行芦荟种植。通常用来移栽扦插的幼苗是用根部生长的新株，在春、秋两季进行最为适宜，因为气温在20℃～25℃时，芦荟发根速度快，缓苗期短，成活率高。新插的小芽要求土壤有一定的透气性，生根期不宜多浇水，还要尽量避免阳光直射。

长寿花的养护和管理

栽培管理：盆栽后，过于干旱或温度偏低，长寿花生长会减慢，叶片发红，花期推迟。盛夏要控制浇水，注意通风，若高温多湿，叶片易腐烂、脱落。生长期每半月施肥 1 次，也可以用盆花专用肥。为了控制植株高度，要进行 1 ～ 2 次摘心，促使多分枝、多开花。长寿花定植后两周用 0.2% 比久喷洒 1 次，株高 12 厘米再喷 1 次。这样能有效地控制植株高度，达到株美、叶绿、花多的效果。在秋季形成花芽过程中，可增施 1~2 次磷钾肥。同时，在长寿花的栽培过程中，可利用短日照处理来调节花期，达到全年提供盆花的目的。

病虫害防治：主要有白粉病和叶枯病危害，可用 65% 代森锌可湿性粉剂 600 倍液喷洒。虫害有介壳虫和蚜虫危害叶片和嫩梢，可用 40% 乐果乳油 1000 倍液喷杀防治。

成花用途：长寿花植株小巧玲珑、株形紧凑、叶片翠绿、花朵密集，是冬、春季节理想的室内盆栽花卉。

阳台方位不同　花卉选择有别

不同的阳台，其环境条件不同，尤其是光照条件不同，必须选择对光照要求不同的植物。

南面阳台

南面阳台阳光最充足，一天至少有 6 小时的太阳光直接照射到。因此，可以种植的花卉主要是阳性花卉以及耐光照的花卉，常见的有石榴、月季、菊花、石竹、四季橘、紫罗兰、一串红、太阳花、长春花、杜鹃、观赏辣椒、观赏小番茄、马樱丹、细叶萼距花、千日红、变叶木、鸡冠花、橡胶榕、山海带、苏铁、彩叶草、银叶菊、旱金莲、大丽花、荷花、睡莲、仙人掌类与多肉植物等。

东面阳台

东面阳台只有上午约 4 小时的阳光，而阳光的强度不是太强，因此适宜种植的花卉主要是耐阴花卉以及部分需要相对较强光线的阴性花卉，如非洲凤仙花、几内亚凤仙花、四季海棠、蝴蝶兰、中国兰花、观赏凤梨、马蹄莲、红掌、蟹爪兰、大岩桐、非洲紫罗兰、长寿花、虎尾兰、君子兰、山茶、倒挂金钟等。

西面阳台

西面阳台只有下午可以照射到阳光，但是在夏季西晒阳光特别强烈，同时带来很高的温度，所以一般只适合于种植那些能够耐强光、高温和干旱的花卉，主要是仙人掌类与多肉植物，此外还有太阳花、杜鹃、长春花、变叶木、千日红、荷花、睡莲等。

北面阳台

北面阳台通常没有阳光直接照射，只有明亮的散射光，所以一般只有阴性花卉和耐阴花卉才适宜种植，如吊兰、凤梨类、竹芋类、万年青类、绿萝、文竹、天门冬、吊竹梅、鸭跖草、龟背竹、棕榈科植物等。

科学选择浇花水

1. 从水质的角度来看，浇花时我们最好尽量选用中性水。所谓的中性水，一般来说，雨水、溶化后的雪水、未被污染的河水用来浇花是最好的。

自来水中会含有氯气，不能直接用来浇花。正确的方法是先用水桶或者其他容器先“困”几天自来水，或者在阳光下晒两三天后，即可用来浇花了。

井水一般是硬水，用久了易使土壤碱化，用这样的水长期浇花，会造成喜酸性花木的黄化、枯死。因此，要把这样的水调整至弱酸性。例如用硼酸或者食醋、维生素 C 片等加入水中即可；另外，我们也可将淘米水沤熟之后兑入水中使用。

2. 从水温的角度来看，跟花盆土温接近的水适合浇花。一般而言，水与花土的温差最好不要超过 5℃。所以夏天正午时分浇花也是错误的选择，最好应当选择在早晚时分。

常见的喜阴植物

金边富贵竹　又名万寿竹，喜温暖潮湿环境，忌烈日直射，畏寒，喜阴。

钱树　喜温暖环境，需半阴条件，放于散光处，盆土干透浇透，浇水不能太勤。

发财树　喜高温多湿和阳光充足，不耐寒，怕强光直射，较耐阴，有一定耐旱能力，以肥沃、疏松的土壤为好。喜欢充分的日照和高温，也耐阴。适温为 15℃ ~ 30℃。

巴西铁　又名金心香龙血树，原产非洲西部的加那利群岛。喜高温多湿的环境，不耐寒，怕积水，但耐阴，要求肥沃、排水良好的土壤，冬季注意保暖。

散尾葵　又名黄椰子。常绿灌木或小乔木。由于株型美，较耐阴，盆栽后是布置客厅、书房、卧室、会议室、室内花园的高档观叶植物。在明亮的室内可以长期观赏，在阴暗的房间可连续摆放 4 ~ 6 周。散尾葵喜高温潮湿和半阴的环境，冬季白天温度 25℃左右，放于散光处，保持盆土湿润，夜间应在 15℃以上，若长时间低于 15℃，必受害。冬季注意保暖。

橡皮树　株体健壮，叶大而厚，具光泽，极富热带特色。喜高温高湿、阳光充足的环境，但也较耐阴，不耐寒。要放置在室内或阳台通风处，冬天宜在室内越冬。旺季要多浇水，冬季盆土可稍偏干。

怎样使金橘多结果

盆栽金橘四季常青，枝叶繁茂，树形优美。金橘性喜温暖湿润和光照充足的环境，适合生于肥沃、疏松、排水良好的土壤中。怎样能使金橘多开花、多结果呢?

首先要合理修剪。在春梢萌发时进行一次修剪。只保留 3 ~ 5 根健壮枝条，每根枝条保留基部 2~3 个饱满芽。修剪两个月左右，春梢长到 15~20 厘米长时进行摘心，诱发夏梢，当夏梢长到 6 厘米时再摘心。

其次要控制浇水。夏梢生长期间应控制水分，即从小暑前后开始，逐渐减少浇水量，经过 4~5 天强光直晒，金橘上部嫩叶呈轻度萎蔫而下垂，盆土干燥呈灰白色。但为了防止叶片过度脱水，应每日早、晚向叶面喷少量水，中午可略向盆中浇点水；当金橘的主芽及预备芽都膨胀，由绿转白时，即表明花芽分化已经完成。此时要及时恢复浇水量，并施薄肥，不久便能相继开花。

适期施肥很重要。宜多施磷、钾肥。早春第一次修剪后，施 1 次腐熟液肥，以后每隔 10 天左右施 1 次，每次摘心后都应施 1 次腐熟液肥。梅雨季节改施饼肥末，以促花芽形成。如花朵繁多，应适当疏花。坐果初期应停止施肥，待果实长到蚕豆粒大小时进行疏果，粗壮枝条每枝留 2~3 个果，弱枝留 1 个果，并注意全株果实均匀，以后要及时剪除秋梢，不使二次结果，以利果实发育良好，果形大小、成熟度一致，提高观赏价值。

冬季宜放在室内向阳处越冬，翌年谷雨前后再搬出室外，放在阳光充足处培养。

怎样雕刻水仙头

在雕刻之前，先把鳞茎球上的外皮剥除，同时把护根泥及腐烂的杂质清除干净，避免水养的鳞片或根受污染而霉烂。

从芽体弯向的鳞面动刀，左手平捏鳞茎球，右手持雕花刀，沿距离根盘约一厘米处划一条弧形线，沿线朝球端削掉表面的鳞片，使全部芽体显露出来为止。把夹在芽体之间的鳞片刻除，使芽体之间有空隙，便于对芽苞片、叶片和花梗进行雕刻。

把芽体露在外面的芽苞片剥除。一般是采用斜口刀尖在芽苞片两边划两条直线，然后用刀尖从芽苞末端拨动苞片朝苞片基部方向顺剥，可防止花苞损伤。

根据造型要求，确定刮花梗表皮的朝向，可用斜口刀由梗端顺梗基方向刮除花梗表皮。需要刮至球根处，可使用尖形三角刀沿花梗表皮插至球根，一定要注意防止插伤花梗。

确定削叶的宽度，先用斜口刀在叶片端部切一削口，再使用圆尖两用刀的圆口刀顺叶脉由叶端朝基部方向顺削。

母鳞茎一般都生着一对以上的侧鳞茎，侧鳞茎大多无花苞，但肥硕的侧鳞茎有花苞。侧鳞是整个水仙花球的组成部分，也是水仙花造型不可缺少的内容。侧鳞茎可不用雕刻，让其自然生长，后期叶片自然展开，若在两侧鳞茎中间各套一个红纸圈，可作欢度春节、象征吉祥如意之盆景。

菊花老根重养护

每年秋季菊花花期过后，培养好老根，对保留菊花品种和来年的繁殖都很有好处。

栽种老根时应根据不同的品种分别种在畦地上，种植可以略深些，枯枝要剪掉。在年末至翌年 2 月严寒季节，可以在地面覆盖稻草，或搭架覆盖塑料薄膜，以防冻害。如果冬季天气干燥，土壤过干，也可以在晴朗的中午浇水，但不要使地上积水。待翌年春天 2 月下旬或 3 月上旬除去覆盖物，并施些稀薄腐熟淡粪水或饼肥水，以促进嫩枝生长， 5 月左右扦插繁殖。

一些优良品种耐寒性较差，经不起露天的严寒，可在 12 月份或稍早将露地菊花掘起入盆，修去枯枝和枝条上部，搬至室内。原来盆栽的，去除上部枝叶，同样移入室内，放置在白天有阳光照射的地方。盆内泥土太干时，在晴朗的中午可浇些水，否则根部失水会萎蔫，但不可过湿甚至积水，以防烂根。到翌春 4 月天气转晴后，移到室外养护，促进嫩枝生长，准备分株或扦插。

竹类盆景的养护

盆竹的品种繁多，适合家养的有罗汉竹、米竹、翠竹、金刚竹等。盆竹一般每年春分前后要用排水良好的腐殖土换盆。换盆后在日常管理上要勤浇水、肥，保持盆土湿润，每天喷雾水 2~3 次。生长期每半月需施 1 次熟液肥，促进盆竹生长。如水肥不足，则生长差，竹叶会干黄，但也不能浇水过多、施肥过浓。不然会导致盆竹徒长或因积水烂根而死亡。其次株形修剪十分重要，对于第一年出土笋和绽长枝、重叠枝、过密枝必须及时剪除，以免影响美观和通风。

在盛夏高温季节，避免烈日暴晒，移到阳处有散射光的地方养护，早晚用清水喷洒叶面，保持株青叶绿。

冬季要及时搬入室内的阳处养护，盆竹耐寒温度为 0℃。

变叶木秃脚的原因

变叶木培养 3 ~ 4 年以后，茎干下部的老叶往往褪色并易脱落，新生叶片聚生于顶端，株形姿态甚为难看，人们称之为“秃脚”。造成“秃脚”的主要原因，有以下几种：

1. 长期未换盆、换土，加上施肥少，致使养分供应不足，促使下部叶片老化脱落。2. 盆土黏重、板结，通透性差，排水不良，影响根系正常发育。3. 光照不足，叶芽便聚生于顶端。4. 植株长久未剪枝，株形长得杂乱，消耗大量养分，导致植株长势衰弱，叶色变黄。5. 平时浇水忽多忽少，使盆土过湿或过干。6. 温度过低，若长期低于 15℃，会引起落叶。只要针对以上种种原因，采取有针对性的防治措施，便能避免变叶木“秃脚”。

让健康花香在居室弥漫

阳光房：郁金香　郁金香有安神、改善疲劳的作用。郁金香属长日照花卉，喜欢晒太阳，所以我们把它放在阳光房。郁金香好养，适合盆栽。

厨房：杜鹃　杜鹃花可以顺气健脾，香味对气管炎、哮喘病有一定疗效，杜鹃花色彩鲜艳，花期长，又喜欢凉爽、湿润的环境，放在厨房的水槽边正合适。

客厅：海棠　海棠花的香味有安神、健脾开胃、治疗腹胀的作用。客厅具备充分的阳光，到花卉市场买盆海棠吧，强烈的视觉效果，为居室带来浓郁的春天气息。

餐桌：薄荷　在家养薄荷，配上精致的陶盆，放在餐桌上，清凉的香味让你胃口大开。

浴室：绿萝　绿萝极耐阴，很多花草都不能适应卫生间“恶劣”的环境，但绿萝却能在这里生存，并能通过类似光合作用的过程，吸收室内装潢后留下的甲醛、苯等有毒气体，墙面和烟雾中释放的有毒物质，是非常优良的室内装饰植物之一。

杜鹃花的繁殖

杜鹃的繁殖，可以用扦插、嫁接、压条、分株、播种 5 种方法，其中以采用扦插法最为普遍，繁殖量最大。

采用扦插繁殖，扦插盆以 20 厘米口径的新浅瓦盆为好，因其透气性良好，易于生根。可用 20%腐殖园土、40%马粪屑、40%的河沙混合而成的培养土为基质。扦插的时间在春季和秋季最好。

扦插时，选用当年生半木质化发育健壮的枝梢做插穗，带节切取 6 ~ 10 厘米，切口要求平滑整齐，剪除下部叶片，只留顶端 3 ~ 4 片小叶。购买维生素 B_{12} 针剂 1 支，打开后，把扦插条在药液中蘸一下，取出晾一会儿即可进行扦插。插前，应在前一天用喷壶将盆内培养土喷潮，但不可喷得过多，到第二天正好湿润，最适合扦插。插的深度为 3 ~ 4 厘米。插时，先用筷子在土中戳个洞，再将插穗插入，用手将土压实，使盆土与插穗充分接触，然后浇一次透水。

插好后，花盆最好用塑料袋罩上，袋口用带子扎好，需要浇水时再打开，浇湿后重新扎好。扦插过的花盆应放置在无阳光直晒处，扦插的盆土 10 天内除雨天每天都要喷水，气候干燥时宜喷两次，但每天喷水量都不宜过多。10 天后仍要注意保持土壤湿润。4 ~ 5 星期内要遮阴，直至萌芽以后才可逐渐让其接受一些阳光。一般约需两个月才生根。此后只需要在中午遮阴 2 ~ 3 小时，其余时间可任其接受光照，以利在光合作用中制造养分。

科学养护水培植物

由于水培植物生长的介质是水，所以不会像土栽植物那样产生小虫和异味。水分的挥发还可以增加室内的湿润度。

不过在养护上需注意以下几点：一般 20 ~ 30 天换水一次，水量以不超过根系为宜。如果水质很干净，只是水不够了，只需补充一些水就可以了。相反，如果水很脏，就需要及时更换，不一定非等到 20 天；加水的同时，每升水最好加入营养液 2 ~ 3 毫升（一般花市有卖的）。换水时对花根应进行适当的修剪。

让紫藤连年开花

越冬的室温别太高　盆栽紫藤如在室内越冬，室温不宜偏高，否则紫藤得不到充分休眠，过多消耗了贮存养分，影响来年开花。

紫藤较耐寒，在室外0℃以下的气温也不会受冻。

适量施肥　盆栽紫藤缺肥或过量施肥都会影响开花。一般在花前施稀释的饼肥水，花后施长效磷肥，以促花芽分化。冬、夏两季不再施肥。

及时修剪　盆栽紫藤的枝蔓会伸长攀绕消耗养分，发现这种情况应立即剪去，否则缠绕枝蔓迅猛生长，植株将不会开花。紫藤在4月底至5月初开花，花后结肥厚的荚果，长达20厘米，一株盆栽紫藤可结多个荚果，需消耗大量养分，到第二年就很难再开花。为此要及时剪去残花，防止荚果生长。

阳台上怎样养盆栽葡萄

盆栽葡萄，既能美化家庭环境，又可兼收果品。葡萄的新梢生长迅速，由于面积有限，一般每盆只留一个主蔓，主蔓上留10~15个结果枝。

阳台风大干燥，加上葡萄叶面积较大，水分蒸发多，春天每天浇水一次，盛夏每天浇两次，秋天根据气温来控水，不干不浇，浇水时间以早晨和傍晚为好。施肥以薄肥多施为原则，观其生长势，一般7天左右施一次饼肥液。8月初结果时，施以磷肥为主的肥料，施肥前停止浇水，盆土容易吸收。

葡萄喜光，一年四季都要阳光充足。可以在封闭阳台越冬，但不能干冻，冬天也要适当浇水防冻。

此外，品种可选择长势较好，既可观赏又可食用的巨峰、玫瑰香等。

买盆栽花卉六注意

一、整体效果　植株的整体外观，包括品种形态特征、植株高度、冠幅、新鲜程度、生长状况、衰老症状以及植株的大小与盆的大小是否相称。

二、花部状况　花的生长状况，包括花的大小和数量均衡度、花色、花型完好整齐度、花枝、健壮度等。

三、茎叶状况　茎叶生长状况，包括茎枝干的健壮度，分布是否均匀；叶片排列是否整齐、均匀以及形态、色泽等。

四、病虫害状况　包括检疫性病虫的存在与否，普通病虫的存在数量、危害状况等。

五、破损状况　指植株在生产、流通过程中引起的折损、擦伤、压伤、冷害、水渍、药害、灼伤、褪色等内容。

六、栽培基质　是否使用经过消毒的无土基质。常采用的无土基质有椰糠、草炭、苔藓、珍珠岩、蛭石等。

鹤望兰如何才能常年开花

鹤望兰花姿优雅、端庄大方，花色红蓝相间，艳丽多彩，花形酷似仙鹤，自然花期主要在冬、春季。要想让鹤望兰常年开花，必须把它放在阳光充足（夏季需遮阴）和气温23℃ ~ 25℃的条件下养护，同时从5月开始，每两周施1次稀薄液肥，这样就能保证新叶迅速增长和花芽健壮发育，有利叶腑形成花芽，则可终年开花不断。从花蕾出现到开花约需60天，每朵花开1个月左右。花芽发育的早期，如温度高于27℃或遇低温，都会使已发育的花芽坏死。开花后的成株，要每隔1 ~ 2年换一次盆土。

巧防吊兰叶尖枯萎

（1）经常注意浇水、喷水，保持盆土及周围空气湿润。因它的叶片较多，又悬于空中，或放置阳台通风处，需水量较多。这就要经常向盆土和叶面及盆周围浇水、喷水。一般夏、秋季每天可早晚浇、喷水1 ~ 2次；冬、春季可4 ~ 5天浇水一次，冬季少浇，春季稍多些。这样才能保持盆土湿润，空气潮湿，同时还要及时对吊兰叶片洗尘保鲜，以增强观赏性。

（2）将花盆放置半阴处，防止强光暴晒。吊兰虽需适量光照，但忌阳光直射，否则也易引起叶片枯萎。

（3）吊兰宜盆大株少，喜排水、透气性好的沙壤土。如中等大小的花盆，一般种 2 ~ 3 株为宜。株数过多，水分需要也多，如盆小土壤含水量供应不足，也易叶片枯萎。还应注意经常剪除已枯萎的败叶。也可结合每年春季或秋季换盆时，将较小的盆换成大盆栽种，同时去除多余的枝叶。

选对花草　净化空气

白掌可以吸收人体呼出的废气，如氨气和丙酮，还可以去除苯、三氯乙烯、甲醛等。

千年木的叶片和根部可以吸收甲苯、二甲苯、三氯乙烯、苯和甲醛，将它们分解成无毒物质。

常春藤可以通过叶片上的微小气孔去除尼古丁和甲醛。

鸭掌木可从烟雾弥漫的空气中吸收尼古丁和其他有害物质。

绿宝石微张的叶子每小时可吸收 4 ~ 6 微克的有害物质，并将它们转化为对人体无害的物质，还可除甲醛。

波斯顿蕨每小时能吸收大约 20 微克的甲醛，被认为是有效的“生物净化器”；它可以抑制电脑显示器和打印机释放出的甲苯和二甲苯等。

吊兰在枝繁叶茂时可有效吸收窗帘甚至卫生纸释放出的甲醛。

散尾葵每天可以蒸发出一升水，是天然的加湿器，它还可以去除甲苯、二甲苯、甲醛。

垂叶榕可提高房间的湿度，它还可以吸收甲醛、氨气、二甲苯等，并能净化混浊的空气。

黄金葛通过光合作用，可以把织物、墙面和烟雾中释放的有害物质分解，并可去除甲醛、苯、一氧化碳、尼古丁等。

白兰花盛花期的养护

7~9 三个月，是白兰花的生长旺季，也是它的盛花期。在此期间如养护得当，植株会枝繁叶茂、花开不断；反之则会造成叶片枯萎，甚至整株死亡。养护应掌握好以下几点：

光要柔　白兰花喜光，可放置于有遮阴的花棚下，早晨掀开帘子，让其接受日照，9 时后应盖好覆盖物，特别要避免中午的强光直晒。

浇水要勤　白兰花喜湿润，要经常浇水，每天早、晚最好各浇一次透水，气温高的天气，下午还要在叶片及周边各喷两次水，以增加湿度。因白兰花是典型的酸性花，怕碱，如果水碱性较大，长期使用易使叶片黄化脱落，所以浇水时最好间隔使用存下的雨水，也可用硫酸亚铁水浇。

肥要足　白兰花在生长期喜肥足\水足，不仅要浇好水，还应施好肥。施肥最好用液肥，把马蹄片、芝麻酱、硫酸亚铁，按

1∶1∶0.5的比例混合后用水浸泡一周，发酵后，每5天用清水稀释后施用一次效果更好，能使花叶宽大肥厚，花朵芳香馥郁。

如何栽培含笑花

含笑花又叫香蕉花，为常绿灌木或小乔木，分枝紧密，组成圆形树冠，小枝和叶柄上均密被褐色茸毛，叶椭圆形或倒卵状椭圆形，花单生于叶腋间，小而直立，乳黄色或乳白色，花瓣6枚，瓣缘常带紫晕，香味浓郁，有香蕉香味， 4~6月开花，9月果熟。

含笑花以扦插繁殖为主，也可嫁接、播种和压条繁殖。六七月花谢后扦插，嫁接可用黄兰做砧木于3月上中旬腹接或枝接。播种繁殖于11月，将种子沙藏，至翌春种子裂口后盆播。3月中旬至4月中旬带土移栽。高枝压条于5月上旬进行。

含笑花栽培需选在通风良好的花荫处。栽培含笑花所用的泥土，必须疏松通气、排水良好，否则会造成植株生长不良，根部腐烂，甚至发病而亡。栽植前应适当施基肥，不论植株大小，皆需带土球，并要适当疏剪枝叶，万一土球松散，必须及时重修剪土上部枝叶，否则全株会枯死。

含笑花生长迅速，每年需在春季开花后，新叶长出前换盆一次，以适应植株生长发育的需要。含笑花能自然生长成圆头形树冠，为使树冠内部通风透气，可于每年3月修剪一次，去掉过密枝、纤弱枝、枯枝。花后一般不让结子，要及时将幼果枝剪去，放在朝南向阳避风处。

水培花卉营养液也需“喂”氧

许多人对水培植物的养护想得过于简单，认为从市场上买来水培专用营养液按说明书配出合适的浓度养殖就可以了，其实家养水培花卉对氧还有着特别的要求。家养水培花卉的营养液处于静止状态，溶氧量低，不利于花卉生长，需要采取以下措施为其增加氧的溶解：

1. 振动增氧。一手固定花卉植株，另一只手把握器皿轻轻摇动 10 余次。摇动后的营养液溶解氧含量能够提高 30%左右。

2. 增加换水次数。换水就是更换瓶中加了营养液的水。一般情况下，春、秋季 5~10 天换一次水；夏季 5 天左右换一次水；冬季 10~15 天换一次水。家养水培花卉应该采用软水做水源，一般可使用符合国家标准的自来水。把自来水放置两小时至半天以后，等它的温度接近室温、水中的氯气等挥发干净以后，再按比例加入买来的营养液。

3. 在营养液中加入适量的“固态氧”或添进 1%的过氧化氢（3%双氧水）。

4. 采用微型潜水泵或增氧泵（均为水族箱标准制品）对营养液进行曝气，植物根系在这样的环境中可获得充足的氧气，促使花卉健壮生长。

水养转运竹叶片为何发黄

水养转运竹叶片发黄，可以从以下两个方面寻找原因：一是检查水质，主要是看根系是否新鲜，如因水质原因导致根系腐烂，则应换用凉开水。如果是水质不洁所导致的根条腐烂，可先剪去黄叶，症状不严重时宜经常换水，症状严重时，应在水中加入少量杀菌剂。二是检查摆放场所的光照条件，如光线过暗，闷热不通风、空气干燥等，均会造成叶片发黄；但摆放的部位光线过强，同样也会造成叶片发黄。

君子兰烂心的处理方法

君子兰烂心主要是浇水不当造成的。如果仅仅是心叶的中心部分腐烂坏死，可将其移至阴凉处，停止浇水 3 ~ 5 天，使盆土收干。再用消过毒的刀片将坏死部分切除，注意切口处会渗出较多的黏稠汁液，可将其花盆倾斜搁放，以免其汁液再次流入心叶丛中，同时用干净的药棉将渗出的汁液吸去，以后保持盆土略呈潮润，叶片在 1 ~ 2 个月内不再喷水。

如果多枚心叶从茎基部腐烂，则应考虑先将植株从花盆中脱出，抖去宿土并冲洗干净。继之将已腐烂的叶片基部或叶茎结合处的腐烂部分彻底清除，再用75%的酒精棉球将烂心创口及其周围擦拭干净。接着将消毒过后晾干的植株用宿土重新上盆栽好，栽种深度只埋至根茎部位，必须将叶从基部露出土外，根部稍浇水，但不能过湿，以免诱发烂根。将处理换盆后的植株放于凉爽半阴处，盆土保持微湿即可，不宜再行叶面喷水。不管植株烂心如何严重，只要其根茎结合部的叶腋隐芽原基未被全部破坏，经过1 ~ 2个月的精心养护，其茎部就会重发新芽。待新生芽叶片长至长6 ~ 8厘米时，方可恢复正常的水肥管理。

四招养护好白兰花

一、要求肥沃、疏松、排水良好的培养土。可用松针腐叶土5份、粗糠灰2份、粗沙2份、沤熟的厩肥1份配制，忌用透气性差的细沙土或黏重土。上盆用通风透气好的瓦盆(素烧盆)，忌用釉盆、瓷盆、紫砂盆等，最好用较深的筒形花盆，盆下垫扣空花盆，并用砖架空，以防排水不畅；盆底铺垫5厘米左右的炉渣、碎石。

二、水分要适宜。白兰花属肉质根，是既怕涝又怕旱的花卉。花期凡花瓣过分外张时，说明水分不足，水分适宜则呈含苞状；盆土表面见干，土质发硬干裂时应立即浇水。浇水要求水温、土温必须一致。浇水一定要浇透，经常浇半截水会引发浅根。白兰花春秋浇水不宜多，盛夏每日浇且必须在傍晚浇，秋末开始减少浇水量，入冬每10天浇水一次。阴雨季节应移至避雨处。

三、怕碱。白兰花喜酸性土壤，对土壤pH值的要求为5.5 ~ 6.3。经常用发酵的淘米水浇灌，效果较好。

四、怕浓肥。白兰花喜磷、钾肥，但忌浓度过高。施肥原则是：“稀施、常施，傍晚施。”

夏威夷椰子栽养要点

夏威夷椰子丛生的茎干青翠如竹，羽状的叶片优雅婆娑，是装修后居室吸收有害气体的观叶植物中的佳品。其栽养要点为：

（1）温暖。其生长的适宜温度为20℃ ~ 30℃，越冬温度为5℃。越冬期间应注意保暖。

（2）半阴的条件。宜置放于散射光照之处。阳光直射时，叶色会变淡发黄。

（3）湿润的环境。生长期间除保持盆土湿润外，还应经常向枝叶及周围环境喷洒水，以提高空气湿度，可使植株生长葱郁，叶色浓绿并富有光泽。

紫鹅绒叶子变绿有原因

紫鹅绒的叶色不呈紫色而呈绿色，是光照不足引起的。紫鹅绒忌强光直射，强光会使紫鹅绒的叶片枯焦，但过阴时，紫色的绒毛会褪色而呈绿色。故生长期应保持充足的散射光，也可在根外喷施 0.2%磷酸二氢钾溶液，使其恢复鲜艳的色彩。

紫鹅绒生长迅速，必须经常摘心。即在茎干长至一定高度时摘去嫩梢，以控制植株高度，使植株更加丰满，色彩更艳丽。

花儿黄叶找原因

一为水黄。就是水浇得太多导致土壤积水久湿，透气性差甚至部分须根腐烂。表现出嫩叶暗黄无光泽，新梢萎缩。

二为肥黄。就是肥多，表现为老叶枝尖变黄脱落，新叶虽肥厚有光泽但一般凹凸不舒展。如果是贵重花卉可撒上一层小白菜或萝卜种子，出苗几天后再拔掉，以消耗养分。

三为旱黄。由于长期没浇透水或脱水，新叶虽叶色正常，但下部叶片渐向上干黄脱落老化。

四为碱黄。尤其一些南方花卉喜酸性土壤，而北方水质偏碱则出现叶子渐退色变黄甚至脱落。最简单的办法是浇经过发酵的洗米水或雨水。

水洗疏根巧换盆

要让盆花持续保持旺盛的生命力，除了加强水肥管理，换盆也是它的生理需要。可是，要给花草换盆，敲弄碎盆土时，不光费力，还往往伤了花草的根。这里教给你一个省力“水洗疏根”的办法，不妨一试。

首先，给花换盆前的两三天，停止浇水。当盆土与盆沿之间出现干燥裂缝时，把植株带土脱出花盆。其次，找一个水桶，把脱出花盆的带土植株浸在干净清水中，大约两小时后，轻轻晃动植株根团，使泥土慢慢脱落。最后，将植株放入新盆，再放入配好的营养土栽培。

不光换盆用此法，分株也可使用这种方法。

盆栽桃枝“流胶”怎么办

桃树流胶主要危害桃树的干枝，一般从枝干的伤口处分泌出透明、柔软的胶液，树胶与空气接触被氧化变为褐色晶莹、柔软的胶块，致使病株叶片变黄、树皮及木质部慢慢腐烂，树势日渐衰退。

防治方法：一是改良土壤，酸性土壤适当增施石灰或过磷酸钙，中和土壤的酸度。二是及时防治枝干害虫，尽量减少树体创伤。三是节制浇水，合理施肥，修剪安排在休眠期进行。四是从花谢后开始喷药预防，可用 70% 的甲基托布津可湿性粉剂千倍液，每半日喷 1 次，连续 4~5 次即可。

木屑养花好处多

木屑即锯末，是一种比较理想的盆栽花卉原料。其好处是：1. 木屑疏松透气，渗水性强，持水、排水性能好；2. 木屑能不同程度中和土壤的酸碱度，适宜南方花卉的栽植；3. 木屑培育出的盆花，枝繁叶茂，花香色艳；4. 木屑清洁卫生，易得易制，十分方便；5. 木屑重量轻，养花搬动方便，很适合老年人养花和城市楼台养花。

制作方法：取新鲜木屑，装入小缸或塑料袋中，掺入适量的饼肥、麻酱渣，若有鸡、兔粪更好，加足水，用淘米泔水更好，加盖或封住袋口，放在温度较高处，令其发酵直至变黑褐色为止。用时与园田土或腐殖土 4 ∶ 6 的比例混合配制。

杜鹃花的繁殖

杜鹃的繁殖，可以用扦插、嫁接、压条、分株、播种5种方法，其中以采用扦插法最为普遍，繁殖量最大。

采用扦插繁殖，扦插盆以20厘米口径的新浅瓦盆为好，因其透气性良好，易于生根。可用20%腐殖园土、40%马粪屑、40%的河沙混合而成的培养土为基质。扦插的时间在春季和秋季最好。

扦插时，选用当年生半木质化发育健壮的枝梢做插穗，带节切取6～10厘米，切口要求平滑整齐，剪除下部叶片，只留顶端3～4片小叶。购买维生素B_{12}针剂1支，打开后，把扦插条在药液中蘸一下，取出晾一会儿即可进行扦插。插前，应在前一天用喷壶将盆内培养土喷潮，但不可喷得过多，到第二天正好湿润，最适合扦插。插的深度为3～4厘米。插时，先用筷子在土中戳个洞，再将插穗插入，用手将土压实，使盆土与插穗充分接触，然后浇一次透水。

插好后，花盆最好用塑料袋罩上，袋口用带子扎好，需要浇水时再打开，浇湿后重新扎好。扦插过的花盆应放置在无阳光直晒处，扦插的盆土10天内除雨天每天都要喷水，气候干燥时宜喷两次，但每天喷水量都不宜过多。10天后仍要注意保持土壤湿润。4～5星期内要遮阴，直至萌芽以后才可逐渐让其接受一些阳光。一般约需两个月才生根。此后只需要在中午遮阴 2 ~ 3 小时，其余时间可任其接受光照，以利在光合作用中制造养分。

根据花卉习性和生长情况浇水

一些怕热花卉(如仙客来、倒挂金钟等)和喜阴湿的花卉(如杜鹃、兰花、山茶等)需经常向叶面及植株周围环境喷水，使空气也保持相当的湿度，这样对其生长发育是十分有利的。热带兰科、天南星科、凤梨科花卉和蕨类植物也需经常喷水。有些花卉对水湿很敏感，例如大岩桐、荷包花等，其叶面表面有较厚的茸毛，落上水后不易蒸发，易引起叶片腐烂。

总之，浇水要遵循这三个原则：喜湿花卉可多浇水，耐旱花卉宜少浇水；叶大质软的花卉多浇水，叶小有蜡质的花卉少浇水；草本花卉多浇水，木本花卉少浇水。

兰花促香五注意

1. 兰花喜半阴，但又不能置于完全无光的地方，否则会因长期不接受光照、不进行光合作用而生长不良，无法制造有机物供给花蜜腺体，形成酿造放香的蜜露，因而即使开花也不香。所以，应放置在光照强但有遮阴的地方。

2. 要及时换盆，使盆土保持肥沃，除酷暑、严冬及花期前后停施肥料外，应每半月施用以磷为主的稀薄肥液，使兰花有供给蜜腺体造蜜露的养分和积累储存蜜露的能力。

3. 兰花的耐寒力较差，春兰、蕙兰要在 3℃以上，建兰、寒兰要保持 10℃以上，否则容易受冻，影响开花，即使勉强开花，因蜜露凝冻也不能放香。

4. 在兰花摆放或栽植数量较多的温室、花房或荫棚内，应注意将不同品种隔离，不能混植混放，以免花粉混杂，改变原有良好的放香性能。兰花应与厕所、厨房等污染气味较重的场所远离，以免因受不良气体导致蜜腺体功能紊乱衰退，影响放香。

5. 兰花易患细菌性疾病，如炭疽病、叶斑病、黑腐病、黑斑病及坏死病等，又易受介壳虫、红蜘蛛、粉虱等侵袭，如不及时扑杀和治疗，会使兰花伤病累累，以致无力积累养分供应制蜜。

养花别忘给土壤消毒

盆土里面常含有病菌孢子、虫卵，为减少病虫危害，需对培养土进行消毒，下面介绍几种消毒方法。

药物消毒法　可用 1% 的高锰酸钾溶液或 40% 的福尔马林溶液。消毒前，将培养土堆放一隅，边喷洒药物边翻动，以加快药液的渗透性，使之尽快地进入培养土中。药物喷完后用塑料薄膜密闭一昼夜，然后去掉薄膜，经 3~5 天后就能上盆使用。

锅炒消毒法　将配制好的培养土放入铁锅里翻炒 1 小时，可以起到消毒作用。消毒后晾晒时每天翻动几次，以增加土壤与空气的接触面，待 2~3 天后便可上盆使用。

蒸汽消毒法　将培养土淋上热水，放到蒸锅里蒸，在 83℃以下熏蒸 1 小时。注意熏蒸的时间不宜过长，超过 1 小时后，就会引起培养土中的活性物质分解，从而降低有效养分。消毒后将培养土倒出，晾晒 4 天，每天用铁锨翻动几次，然后上盆使用。

四种植物帮助室内保湿

富贵竹　很适用于室内水养的植物。它是极耐阴植物，在弱光照的条件下，仍然生长良好，挺拔强壮。可以长期摆放在室内观叶，不需要特别养护，只要有足够的水分，就能旺盛生长。水培时，将富贵竹茎秆切成 20 厘米以上的小段作为插穗插在水中，只要插穗的 1/3 能浸在水中就可生根成活。

吊兰　可在室内水养，不仅可以净化空气，而且外形美观、管理简便。将盆栽吊兰挖出，去根部泥土，剪去老根、烂根，留下须根，放入容器瓶内，瓶里装入清水和花卉营养液，让吊兰根部浸于水中生长即可。

绿萝　属于攀藤观叶花卉。性喜温暖、潮湿环境。水养很简单，保证 2~3 天换一次水，配以简单的营养素。绿萝具有很高观赏价值，蔓茎自然下垂，既能净化空气又能充分利用空间。

常春藤　是典型的阴性植物，能生长在全光照的环境中，在温暖湿润的气候条件下生长良好，不耐寒。

水养这些植物一般不需特殊管理。有一定体积可供根系伸展的容器都可以使用，而瓶口开敞的玻璃容器，对保持水质和根系生长更为有利。在栽植时应避免叶子浸入水中，以免造成腐烂；放置在适宜的光照条件下，很快就能生根；水变得污浊时，取出植物，清洗容器，重新灌水即可。一般水养植物，3 天换一次水，施一次营养液，营养液的配比和多少视植物大小而定。

判断花卉缺水有诀窍

1．敲击法。用手指关节部位轻轻敲击花盆上中部盆壁，如发出比较清脆的声音，表示盆土已干，需要立即浇水；若发出沉闷的浊音，表示盆土潮湿，可暂不浇水。

2. 目测法。用眼睛观察一下盆土表面颜色有无变化，如颜色变浅或呈灰白色时，表示盆土已干，需要浇水；若颜色较深或呈褐色时，表示盆土是湿润的，可暂不浇水。

3．指测法。手指轻轻插入盆土约 2 厘米深处摸一下土壤，感觉干燥或粗糙而坚硬时，表示盆土已干，需立即浇水；若略感潮湿、细腻松软的，可暂不浇水。

4. 捏捻法。用手指捻一下盆土，如土壤粉末状，表示盆土已干，应立即浇水；若成片状或团粒状，表示盆土潮湿，可暂不浇水。

居室养花草　注意植物的“呼吸”

如果选择植物时不考虑植物的呼吸方式，就有可能影响居室内的空气质量，进而对睡眠产生不良影响。

经测算，每千克植物在夜间进行暗呼吸，平均每小时放出的二氧化碳为 1 毫克。假设一个居住面积为 5 平方米、高 2.9 米的房间，其空间为 14.5 立方米，那么，一株植物一夜（按 8 小时计算）呼出的二氧化碳，可使室内二氧化碳浓度上升 0.028%。因此，要想营造居室绿色氧吧，除了要考虑绿色植物的株型、花色，还要考虑它们吸收二氧化碳的方式。

以蝴蝶兰类植物为例，这类植物原本生活在热带丛林，由于热带雨林白天的气温很高，为了防止水分大量蒸发散失，蝴蝶兰科植物就不能像其他植物那样，白天将位于叶背面的气孔打开，进行光合作用和气体交换，而是在白天关闭叶片背面的气孔，到了晚上，待周围环境气温降低到适当的温度后，才开启叶片背面的气孔，排出氧气，吸收二氧化碳。在光照条件下，植物水分的蒸腾量只相当于其他条件下的 1/10 ~ 1/4 之间的这种生理现象，称之为菊景天酸循环代谢（简称 CAM）。常见的具有 CAM 代谢方式的植物除了蝴蝶兰类植物，还有仙人掌科植物，如仙人球、令箭荷花等；凤梨科植物，如紫花凤梨、红掌丽穗凤梨、火炬凤梨等也如此。龙舌兰科植物既是 CAM 植物，又能吸收电器辐射。

对于长时间在电脑周围工作的人来说，富贵竹是一款很好的选择。如果您迁入新居或为房间做了装修，那么，养 1 ~ 2 盆吊兰，就能很快将室内的甲醛气体全部吸收，使室内空气得到净化。

室内植物：忠实的绿色“宠物”

在最新出版的《室内植物可以挽救人的生命》一书中，韩国建国大学生命环境科学院孙基哲教授说，室内植物如同我们的家人一样不可或缺，它是人们最忠实的“绿色宠物”。

天然“加湿器” 植物可以调节湿度。植物通过根吸收的水分，只有 1% 用来维持自己的生命，其余 99% 都释放到空气中，而且无论给它们浇什么样的水，最后蒸发出去的都是 100% 的纯净水。推荐植物 发财树 在光线较弱，或二氧化碳浓度较高的环境下，发财树仍然能够进行高效的光合作用，因此对于空气混浊的室内，这种植物再合适不过了。

眼部疲劳恢复剂 科学研究表明，注视绿色植物可以使视觉疲劳和眨眼次数明显减轻和减少，从而有效缓解眼部疲劳，并预防眼睛干燥症的发生。推荐植物 吊兰 吊兰最适合上班族摆放在电脑屏幕旁。它的适生温度为 15℃ ~25℃，冬季室温不得低于 5℃，高温时应尽量避免强光直射。

绿色“吸尘器” 在封闭的室内摆放一些植物，粉尘减少的速度比没有植物时明显快许多。在室内拿出 20% 的空间摆放植物比拿出10%的空间摆放植物，其粉尘去除量要多出3倍，而且前者去除粉尘的速度也比较快。这就证明，观叶植物能够有效减少室内空气中的微小粉尘。推荐植物　橡皮树　橡皮树具有独特的净化粉尘功能，也可以净化挥发性有机物中的甲醛。橡皮树喜欢阳光充足的地方，这样可以保证进行旺盛的光合作用和蒸腾作用。对于灰尘较多的办公室则最适合摆放在窗边。

植物“制氧机”　利用特殊植物在晚间清除二氧化碳，它们就是常见的仙人掌和多肉植物，这对于提高昼夜空气质量大有帮助。推荐植物　虎尾兰　虎尾兰可有效吸收夜晚的二氧化碳，还可以有效去除空气中的甲苯，与其他植物相比，含有更多的阴离子。

君子兰的养护

1. 莳养君子兰选用什么样的花盆最好？君子兰是肉质根，抗旱性强，但怕涝，所以不但对土壤要求疏松，渗水透气性好，对花盆也要求渗水性，透气俱佳。泥瓦盆也叫素烧盆，完全具备这两个条件。所以栽植君子兰选用泥瓦盆最好。

2. 莳养君子兰选用什么样的土最好？根据君子兰的生理特点，要求土壤疏松透气，有良好的保水性、保肥性，且比较肥沃，以适应君子兰的根系生长，腐叶土具备这些特点。所以选用腐叶土最好。腐叶土包括柞树叶土、橡树叶土、榛叶土及落叶松针土等。必须用天然腐熟的树叶土，不能有含其他杂质。可根据不同需要选用不同的筛子筛出适用的粒块。栽小苗用小的粒块，成兰则用较大的粒块。

3. 给君子兰浇水要注意哪些问题？首先要选好用水的水质，要求酸碱度中性微偏酸。用自来水浇花要进行困水，即将水在容器中放两三日再用。最好放在日光下晒一下更好。井水或其他水也最好在花窖或摆放花的地方放一两天，使水温与花土的温度相一致才可浇花，以免水与土的温差过大，给花造成危害。浇水的时间最好在早晨或晚上，要根据盆土的干湿情况来确定浇水的间隔时间，不能公式化。可直接往植株茎叶上浇水，大花，尤其是上箭花或正在开花的大花不可直接往叶片上浇水，这样会使花箭腐烂或影响授粉效果。

4. 君子兰施用什么肥好？君子兰是一种喜肥花卉，肥对于君子兰的长势至关重要，君子兰最好选用有机肥，如含氮成分较多的有豆饼、蓖麻子、黄豆等油料作物。含磷成分较高的有骨粉、鱼鳞、米糠及家禽粪便等，含钾成分较高的有草木灰、木炭、稻草灰等。君子兰的生长离不开氮、磷、钾三要素，也可在土壤中拌放一些细炉渣、河沙、鸡蛋壳等以增加微量元素的含量。

废物利用巧养花

第一招：洋葱让玫瑰更美丽　切几片洋葱泡在清水里，搁置一晚，第二天用这个泡过洋葱的水来浇玫瑰，一星期浇个一两次，一个月后，玫瑰花将会以最美丽的姿态来回报你的辛勤照料。

第二招：鱼缸水天然肥料　金鱼缸里的水需要定期更换，把旧的水拿来浇在堆肥上，就是非常好的天然肥料，因为金鱼的分泌排泄物在缸水中已成为天然的肥料。

第三招：蛋壳钙肥有利盆栽　蛋壳具有钙质及磷肥等成分，是植物生长及发育不可多得的肥料来源，但是一般的人往往直接把蛋壳放在盆栽靠拢植物的根部表土上，以为如此就可以让养分在浇水时顺势供给植物根部吸收，其实这种做法不对，因为未经处理粉碎的蛋壳，硬而光滑很难让植物有效吸收。

正确的做法是先把蛋壳粉碎，以量少多次的方式施用较好，如果可能也可于换盆更新介质的时候添加一些蛋壳粉充分搅拌，如此植物在根系发育时，就能直接吸取壳粉内有效的营养成分。

海棠叶长“胡子”怎么办

贴梗海棠在 4~5 月间，叶片背面出现灰褐色毛须状的东西，那是因为感染了梨桧锈病所致。发病初期，先在正面出现黄色小点，后扩大成圆形病斑，叶背隆起，并逐渐长出呈灰褐色毛须状物，后期感病叶片枯死脱落。

防治方法：此病的中间寄生为桧柏类，包括龙柏等，为此在贴梗海棠周围，不宜养护松柏植物。发病初期，用 25% 的粉锈宁可湿性粉剂 1500 倍液喷洒枝叶，第一次在展叶初期，第二次展叶 10 天后即可。

盆景杂草有妙用

“干湿计” 适当留几株杂草，可以观察盆土的干湿状况，为日常浇水提供参考。喜湿盆景植物，盆草略蔫就需要浇水；喜干盆景植物，盆草全蔫再浇水。

“肥力计” 适当留几株杂草，可以观察盆土的肥力状况，为日常施肥提供参考。

“疏松计” 杂草根系比较发达，经常拔除可疏松盆土，提高盆土通透性，以利于盆景植物生长。拔起一株杂草，可观察盆土的板结状况，为日常换盆、换土提供参考。

反映光照、通风等条件 适当留几株杂草，可观察盆景的环境生长条件。每种杂草都有其固有的生长特性，一旦被改变，就说明“此地环境不宜”，需要改善条件或更改养护地点。

预防“烂根病” 盆景植物的烂根主要发生在夏季高温高湿、连续阴晴交替的气候条件下。在盆土里适当保留几株杂草，碰到上述恶劣天气，选择大雨突晴时，在盆内不同部位拔出 2~3 株小草，就可大大降低“烂根病”的发生。

巧治盆花黑白蝇虫害

肥皂液杀黑蝇：用肥皂液能防治一种微小的、能在盆景的土壤中繁殖的黑蝇。把肥皂切碎，加水即成碱性皂液，然后注入花盆内即可有效地杀死黑蝇。

洗涤剂杀白蝇：白蝇常常躲在叶子的背面吸吮叶汁，同时，它还能分泌出一种黏液，在这种黏液上滋生出一种细菌，能使叶子逐渐枯萎，从而使植物慢慢地死去。用一茶匙洗涤剂与 4 升水搅匀，开始每 5 天喷洒叶子 1 次，随后每周 1 次，直到白蝇被彻底消灭为止。

芦荟最好用黄豆施肥

有很多居民家里爱种盆栽的芦荟，平时做菜时可以食用，手上有伤口时可以随时抹一点。但是，要想把芦荟种植好，需要在特定的季节做一些特别的护理。

首先，芦荟喜欢明亮的阳光和较高的温度。所以冬、春季节要增加光照时间，夏、秋季节要半光照射，避免阳光直射。

然后，要注意浇水和施肥。芦荟用的水最好选用干净、无菌的水（可以在阳光底下多照射一会儿），生自来水最好能放置

7~10 天。冬春季节可以少浇一点，夏秋季节可多浇一点。

一般每三个月用黄豆粒施一次肥。具体做法是：用小棍在盆土上扎三四个小孔，每个小孔里放入两三粒泡过两天的黄豆粒，并把泡黄豆粒的水浇在小孔里。

浇花四法

1. 变质奶浇花　牛奶变质后，加水用来浇花，有益于花儿的生长。兑水要多些，使之比较稀释才好。未发酵的牛奶不宜浇花，因其发酵时产生大量的热量，会“烧”根（烂根）。

2. 凉开水浇花　用凉开水浇花，能使花木叶茂花艳，并能促其早开花。

3. 温水浇花　冬季天冷水凉，用温水浇花为宜。最好将水放置室内，待其同室温相近时再浇，如果能使水温达到 35℃时再去浇，则更好。

4. 家中无人时的浇花　这时，可将一个塑料袋装满水，用针在袋底部刺一小孔，放在花盆里，小孔贴着泥土，水就会慢慢地渗漏出来润湿土壤。

用水晶泥养花

水晶泥是一种室内种花养草的无土栽培高科技环保新产品，水晶泥母料呈晶体状，是一种高分子吸水材料，它富含植物营养，能吸收大量水分和养料，并可反复吸收和释放，不需要追加任何肥料，更不要每天浇水。五彩水晶泥本身带有鲜艳的颜色，视觉效果非常好，可做瓶内装饰品，同时它还使栽于其中的植物更加美丽。另外，水晶泥培养的花卉无虫、无毒、无味，清洁环保，可使养花的家庭从传统的养花方法中解脱出来，给家庭增添新情趣。

水晶泥适宜种植喜阴、喜湿、适水性较强的植物，如攀藤万年青、富贵竹、金边富贵竹、银边富贵竹、袖珍椰子、巴西铁、金边吊兰、虎背、绿萝、太阳神、合果竽、黛粉万年青、紫叶鸭舌草、心叶喜林竽、彩竽、金手指、红掌、金钱树等阴生室内摆设的植物或水培植物。

文竹矮化更美观

文竹的茎具有攀缘性，倘若任其生长，高可达数米，则失去轻盈之态。使文竹矮化的措施是：

1. 对于幼株，在春、夏生长旺盛季节不可多施肥，一般一月施一次肥即可。肥量也不能过大，要掌握清淡的原则。对于老株来说，最好少施肥或不施肥，只需在换盆时，利用换盆机会，在盆底填装新鲜土壤，或少量施肥。这样，不管幼株还是老株，都能保持稳定的长势。

2. 选用矮生文竹品种。

3. 注意经常修剪。文竹生长较快，要随时疏剪老枝、枯茎，保持低矮姿态。同时，及时剪去蔓生的枝条，保持挺拔秀丽、疏密有致而青翠。

花卉肥料的收集与施用

家庭养花，一般不用花钱买肥料，也不宜使用化肥，因为栽培花卉所需要的氮、磷、钾等主要肥料，在人们日常生活中就可以随时随地得到，肥料的收集与施用简便易行，效果佳。

1. 不能食用的废花生、瓜子、豆类以及米麸都含有较多的氮肥，发酵后做底肥或泡制成溶液做追肥，能促进花木枝壮叶茂，加快生长。

2. 碎骨、鱼刺、蛋壳、猪蹄、鸡毛，以及人们剪下的头发等，均含有丰富的磷肥，而且肥效高，保持时间长，如头发可连续使用三年。这些肥料拌在土里做底肥，或泡制成溶液做追肥，都能促使花木的花色鲜艳、果实丰满。

3. 发酵的淘米水、草木灰水、雨水、化雪水和养鱼水，均含有氮、磷、钾肥，适量施用，能促进花木生长发育。

新买的盆菊为何枯萎

盆菊叶垂蕾枯不是养护方面的问题，而是菊花植株本身存在问题。出现这种情况一般有两种可能：一是菊花为新上盆的植株，在起苗时根系没带好，且土球已破碎，又没有及时剪去大的叶片，这样的植株在盆土完全潮湿的条件下，可保持短时间的正常状态，一旦盆土发干，很快就会出现叶片下垂、花蕾萎蔫，不容易恢复。二是为嫁接套盆苗，由于起盆时整个植株的水分供应还是靠砧木之根系，而接穗或砧穗接合部根本未形成存吸收水肥功能的再生根系，一旦起盆时铲断砧穗接合部，其植株在盆土完全潮湿的情况下，可保持数天的枝叶挺起，一旦盆土发干、枝叶垂萎后再补充浇水，也就无法恢复生机了。

购买盆栽菊花时，一是要检查是不是新栽的植株；二是要从排水孔处观察，其内有无粗壮白嫩的根系。

花卉萎蔫巧诊断

浇水过量　由此而导致花卉萎蔫的表现是：所有植株的叶子都萎蔫。对此，应停止浇水，疏松土壤。情况严重的，要脱盆并剪去烂根，用沙质土重新栽植。

花卉缺水　由此而导致花卉萎蔫的表现是：叶尖发黄，叶子边缘卷成焦边。天气干燥，盆土过干。对此，应将盆花搬到阴凉处，等盆土温度降下来后，浇透水，就可使花卉渐渐恢复过来。浇水时，水温最好与土温接近。

光照过强　有些喜阴的花卉若遮阴不好，或被强光直射，植株的叶子会萎蔫卷曲，严重的会枯黄脱落。对此，应把花卉搬到背阴处。

水质偏硬　由此而导致花卉萎蔫的表现是：植株萎蔫，土壤碱化板结。这时，要改用软水浇花，情况会好转。

病虫危害　土中害虫咬伤植株的根系，影响根系吸水，导致盆花萎蔫。盆花受枯萎病菌的侵入，根部、茎基腐烂受损，发生萎蔫。

红豆杉最适合新装修房

江苏省环境监测中心检测报告显示，红豆杉对空气中二氧化硫、二氧化氮、一氧化碳净化率分别为31.8%、49.0%、22.2%，有机物净化率更达65.1%，对甲醛等有毒物质的吸收率，更大于其他植物。最好用于新装修的家庭，对去除装修污染效果很好。

红豆杉还可以调节温度、湿度，并有良好的吸音作用。红豆杉还有一个和其他植物最不同的奇特之处，就是24小时都是呼出氧气，吸入二氧化碳。

红豆杉该如何养

盆栽的红豆杉在一些花卉市场就能买到，价格比较适中，通常红豆杉在南方每星期要浇水一次，但是在北方的干燥气候中，至少一个星期要浇水两次，间断式浇灌。

室内装修污染严重或面积较大，也可尝试摆放多盆。

君子兰优劣看叶片

上品君子兰的叶片要短而宽，长度在 9~12 厘米之间，长与宽的比例在 4 ∶ 1 之内，有些品种能达到 2 ∶ 1，甚至 1 ∶ 1，如横兰。叶的端头应圆，没有急尖，甚至凹、平。叶色以黄绿、嫩绿为佳，黑绿、灰绿为下。叶面要有良好的光泽度，给人以油亮、照人的感觉。叶片的纹脉要显而凸出，并与叶面形成明显的颜色反差，纹脉之间的距离要宽，以“田”、“日”纹为上品。叶片要有一定的厚度，且中间与边缘的厚度均匀一致。叶片有弹性，手感硬而挺拔。叶与叶之间的距离均匀平行，不叠压。叶片排列整齐，大小均匀，不七扭八歪，没有徒长的叶，使之“横看如扇面，侧看一条线”。假鳞茎的座呈扁形的元宝形为佳，宝塔形、鱼鳞形次之。对于缟兰则要求叶片上的缟纹清晰、色彩明快。

以上因素要综合考虑，如有些品种的君子兰叶片虽然很宽，但叶色灰暗无光泽，有时还有打褶现象，就不能算是上品的君子兰，只能供杂交培育新品种使用。

杜鹃花浇水五要

一是要选择微酸性水。杜鹃花性喜微酸性水，忌用趋碱性水。如果经常使用碱性水浇灌，不用多长时间，杜鹃就可能死亡。在水质的选择上，一般宜用 pH 值在 7 以下的自然水或饮用自来水。如果水质达不到酸度要求，可在水中添加 0.1% 硫酸亚铁或添加 0.5% 食醋加以补充。

二是要使用“困水”。通常，困水两三天即可。“困水”应在杜鹃花的同一温度的地方加以晾晒，这样的好处：1. 可以减少水中对杜鹃花生长有害的氯元素；2. 提高了水温，消除了水与盆土的温差；3. 促进微生物活动和有机物分解，有利于根系的吸收。

三是要不干不浇。鉴别盆土干与否不能只看盆土表面干不干，更要紧的是要敲盆听声，其声沉闷者为湿，其声清脆者为干。但也不要过干，过干叶片会萎蔫。

四是要浇必浇透。栽种杜鹃花一般要留出 1 寸左右的水口，大多情况只要浇满水口就可以透了，但如果土和盆口持平或者水口太浅，那就很难一次浇透。

五是要四季有别。春秋两季杜鹃花正处于生长期，此时必须保证水分充足，尤其是春季，浇水次数应相对增多。同时，还应经常喷洒叶面和地面，以保持环境湿度，减少叶面水分蒸腾。夏季气温高，水分蒸发快，可早、晚各浇一次水。

冬季杜鹃花生理活动大大减弱，不需过多水分，只要保持盆土不干即可，这对越冬有利。如果冬季浇水频繁，盆土过湿，容易导致杜鹃花烂根，来春易死。另外，开花期间也不宜过多浇水，水分过多易落蕾或早谢，因此，只要做到不缺水即可。

养殖水草有讲究

用沙不用泥　泥土会使水族箱中的水质变浑。用的沙粒不要太细，还要加一些漂亮的小鹅卵石为好。

预先消毒　水草在种植前最好用1%的高锰酸钾溶液浸泡10分钟左右，进行消毒处理，以杀死草上的寄生虫和细菌，然后用清水漂洗干净备用。

布局合理　一般情况下，总是高大的品种植于箱中后部，矮小的品种植于前部，叶宽而大的品种植于中部。同时还要与箱中的山石配合得当，疏密有致。水草不可种得太多，否则既有碍观赏，又因夜间耗氧多，影响观赏鱼的生长。

深浅适中　有根茎的水草不要种得太深，以免出现腐烂或生长不良现象。金鱼藻和黑藻等，没有须也可移栽，只要将根部埋入沙中3~5厘米即可。有些水草，如皇冠、辣椒草，必须先种在放入基肥的小花盆中，然后连花盆栽入水族箱中，才能根深叶茂，翠绿可爱。

注意光照　水草需要有良好的光照才能得以正常生长，要避免阳光长时间直射，最好是阳光折射或将日光灯架在鱼缸上，中间以玻璃板相隔，以防止水汽蒸蚀电器。

注意水温　水温过高、过低都会影响水草的正常生长，应将水温控制在15℃~18℃之间。一般种植水草一星期后再放入鱼饲养，这样可保证水草根部不被鱼弄松动，使水草扎根，生长良好。

水仙“哑花”啥原因

追溯水仙“哑花”的原因，一般不外乎四种：一是品种质量差，鳞茎过小，其营养成分不足，有些鳞茎虽然较大，但鳞茎盘干枯，须根稀少；二是室温过高，光照不足；三是水质差或长时间不换水，会引起水仙烂根而“哑花”；四是水仙头雕刻时，若过多地将鳞茎削去，会造成水仙头自身养分流失而导致“哑花”。

因此，养殖水仙应该注意：要选择桩头大、饱满、结实的水仙头，雕刻时下刀要浅，以防伤害花蕊，尽量多保留鳞茎片，保证有充足的养分，以利开花；用水要求纯净、无污染，最好用井水或流动的河水，自来水则需存放两三天后再用；室内最适宜的温度为11℃，且要阳光充足，一旦气温过高，应喷洒清水来降低气温。

仙客来为何花蕾凋萎

温度过低　仙客来正常开花要有一定的温度，由于买来的仙客来通常在温室栽培生长，一旦买回家，由于环境突然改变，温度骤然变低，导致植株吸收能力降低，使已经伸长开花的花梗发生凋萎。

盆土过干　仙客来进入开花期后，需要充足的水分。如果购买的仙客来没有及时供水，花蕾也会凋萎。仙客来缺水的症状，可表现为花茎失水倒伏、叶片萎蔫、部分老叶变黄。

水温过低　浇水的水温，要尽量同室温相接近，如果用过冷的水浇灌盆花，会使根系的代谢失调、植株的吸水能力减弱或失去，从而使仙客来的花蕾凋萎。

空气过于干燥　仙客来开花期间，喜湿润的环境。空气过干时，易使花蕾干枯变黑，同时叶片也会逐渐变黄，花期明显缩短。应经常向叶面喷水，以增加空气湿度。

家庭养花技巧

换盆换土　换盆换土的具体时间在 2~5 月，在花卉萌芽或者出室之前。早春开花的宜在花后 1~2 周换盆换土，其他花木可以在休眠期或4月上旬新梢尚未萌发前进行，常绿花卉在抽枝发叶前换盆最易成活，尽量选择阴天换盆或换土。大多数盆栽花卉最好使用富含腐殖质、排水良好、透气性强的沙质壤土，且要尽量和原来的土壤接近。通常每换一次盆，新盆都应比原盆大一号，但不宜用大盆养小花。如果用旧盆，要洗净，并且暴晒或用开水杀菌、杀虫卵。

出室　一般来说，落叶花木抗寒力较强，应在室外最低温度为0℃以上移出室外。抗寒力中等的花木，如茉莉、桂花、含笑等，应在室外最低温度为3℃左右才移出室外。出室的时机在谷雨前后，清明前不能出室。亚热带花卉如洋兰、变叶木、一品红等应更晚些时候出室。

施肥　花卉施肥要掌握“薄肥勤施”的原则。最好的施肥方法是轮流运用化肥与有机肥。比如用发酵之后的菜子饼或麻油渣固体肥料掺拌盆土作为基肥，花卉萌芽后选晴天的傍晚施一次充分腐熟的饼肥水、鸡鸭粪等液肥一次，半个月后在清晨或日暮时，用1‰浓度的液体化学肥料及微量元素喷叶片。再过半个月，施固体肥。如此周而复始。

盆栽玉兰花怎样管理

首先，盆栽玉兰花的盆土要选用中性的沙质土壤，并两年换一次盆，换盆时加一些腐熟的有机肥作为基肥。其次，每年在花谢后和见蕾后各需修剪一次，花谢后的修剪只要剪去花枝的上部；见蕾后修剪主要剪去长枝及多余的花蕾。修剪好后需用胶布封扎好伤口，以利伤口的愈合和防止病害的感染。最后，越冬时将植株连盆一起埋入室外向阳处或放在室内向阳处，如果室温保持在10℃左右，还可以提前3周开花。

盆栽玉兰，还应进行蟠扎处理，即在4月发芽后，随着新梢的生长，随时进行蟠扎，扎成弯曲姿态，限制主干拔高。

此外，还要加强水肥管理。根据白玉兰的生长规律，应在上盆时盆底施入基肥。花谢后的4月应施入氮、磷结合的肥料1~2次。6~8月在孕蕾和现蕾时，应再次施入以氮、磷结合的肥料2~3次。花前再追肥1次。

如何使盆栽蜡梅多开花

为了使蜡梅多开花，盆栽蜡梅宜选用大型深筒花盆，把蜡梅栽植在富含腐殖质的疏松肥沃的沙壤土中。为使蜡梅年年开花，宜每年或隔一年换一次盆，每次换盆时都需添加新的培养土和基肥。

蜡梅喜肥，春季宜施两次展叶肥， 6月底至入伏前每10~15天施一次复合液肥。伏天正值花芽分化期，可再施1 ~ 2次磷、钾肥，但宜稀薄。秋凉后施一次干肥（每盆约50克饼肥末），以充实花芽，入冬前再施一次稀薄复合液肥，供给开花所需养分。

给蜡梅施肥应以磷、钾肥为主，氮肥适量。

蜡梅耐旱，忌积水，若浇水过多，盆土过于潮湿，则植株生长不良，且花期水多易引起落花。而盆土又不宜过干，否则花蕾稀少且不整齐。因此应掌握以盆土半墒状态为好。

蜡梅是喜光花卉，盆栽时一年四季都应摆放在向阳处。

蜡梅萌枝力强，易发枝，耐修剪。修剪宜在花谢后发叶前进行，修剪迟了容易抽生徒长枝，影响开花。修剪的方法是先疏剪，然后将一年生枝条留基部 2 ~ 3 对芽，剪掉上部，促使萌发侧枝。以后新枝每长出 2 ~ 3 对叶片之后就要进行一次摘心，以萌发短壮花枝。生长期修剪应在 3~6 月之间进行，7 月以后应停止修剪。

君子兰叶枯死不要扔

如果发现君子兰外叶枯死，不要着急扔掉，先拔出来看看，如果其根还充实，就证明它还有生命力，是可以挽救的，做法是：

摘去空皮根，把充实的根冲洗干净，去除枯死的叶片，稍微晾一会儿，再栽入土中，洒上水。把盆置于阴凉处，在不强的光照下，不久就会冒出新叶，照样生长。前提是肥和水要适宜，这时叶片会逐渐增多，约达二十几片时即可开花。

如果君子兰烂根，叶子变黄枯萎，也不要急于扔掉，应立即将君子兰从花盆中取出，用水将根冲洗干净，然后放到高锰酸钾水（少量高锰酸钾溶入一盆水中）浸泡 10 分钟，再用清水洗净，埋放洗净的沙子里，一直到长出较长的嫩根后，再放入土里继续培育。

盆栽彩色马蹄莲四注意

繁殖技法　5 月下旬，马蹄莲开始休眠，块茎基部会形成小块茎，待叶片全部枯黄后，取出块茎，放阴凉通风处贮藏，等秋季将大小块茎分级分别种植，大球开花，小球养苗。

肥水管理　使用排水良好的基质以及高洁净度的水，浇水原则为“少量多次”；为了使盆栽马蹄莲株型更加优美，可使用多效唑等对其进行矮化处理。

温光管理　彩色马蹄莲的温度以 15℃ ~25℃最为适宜，高于25℃或低于5℃都会造成植株休眠，0℃时，根茎就会受冻死亡。

防治虫害　彩色马蹄莲的主要虫害是蚜虫和蓟马。在种球出芽后就需喷药，7~10 天一次。如敌杀死、马扑立克等。种球在潮湿状态下易发生细菌软腐病，在栽培后 2~4 周可使用根菌清和瑞毒霉 (与水的比例为 0.5 ： 0.5 ： 1) 灌根一次。

养花用硫黄杀菌、防腐、促生长

抑制伤流　无花果、榕树、苏铁、君子兰等在分盆、修剪时会造成伤口，将硫黄粉涂抹在伤口上，可抑制伤流，防止病菌感染，促进产生新的愈伤组织。

防治烂根　君子兰、杜鹃、栀子、柑橘等盆栽花木，因盆栽营养土结构不良、返碱、渍水造成烂根黄叶。可结合翻盆换土，剪除烂根，在伤口上涂硫黄粉，以促发新根。

插条防腐　山茶、杜鹃、栀子、海棠、广玉兰、桂花等扦插育苗时，可将插条基部蘸上硫黄粉后扦插，能够有效防止插条腐烂。

防治病害　对发生白粉病、炭疽病、黑斑病、灰霉病等的花木，在清晨叶面湿润时，喷硫黄粉末，干燥天气用硫黄粉悬浮液或石硫合剂喷雾。硫黄粉对防治白粉病、锈病等有特效。

调节酸碱度　喜欢酸性土壤的花卉，如桂花、珠兰、白兰等，在渍水、板结、返碱的园土或花盆营养土中，施入一定量的硫黄粉，可调整土壤 pH 值，降低盐碱危害，防止烂根和营养缺乏症。

提高嫁接成活率　仙人掌、龙骨、蟹爪莲等多肉植物嫁接后，在接口上喷洒硫黄粉，可防止接口感染病菌而腐烂，然后通过遮阴避雨，塑料薄膜覆盖，以提高成活率。

盆栽桂花养护技巧

冬季桂花处于相对休眠期，生长缓慢，但内部组织却在旺盛生长，主要是在进行花芽分化，以便春季气温回升后孕育花蕾并开花。所以，冬季桂花养护的重点，是保护植株，保证花芽分化顺利进行，具体养护技巧如下：

一、摆放技巧

应将桂花摆放在背北向南有散射光源照射到的地方，避免北风劲吹和低温霜冻为害。

二、施肥技巧

为了保证桂花在冬季能分化数量多、质量好的花芽，要多施有机肥和磷钾肥，一般每 15 ~ 20 天根部施一次沤制腐熟并已除臭的饼肥 25 ~ 30 克，磷酸二氢钾 10 ~ 15 克，兑清水 2 ~ 3 千克后淋施，每 10 ~ 15 天叶面喷一次 1000 倍核苷酸、600 倍高效生物磷钾肥混合液，均匀喷湿所有的枝叶，以开始滴水为宜。

三、浇水技巧

桂花在冬季要保持盆土见干见湿，不出现龟裂就行了，一般每 3~5 天根部淋一次清水，每次每盆淋 2~3 千克左右，以水分能够迅速渗透入盆土中，不积在盆口上为宜，但要每天向叶面喷洒一次清水，均匀喷湿所有的枝叶。

四、喷药技巧

桂花在冬季受红蜘蛛、锈壁虱、叶斑病、炭疽病为害相当严重，使叶片黄化并脱落，每月叶面必须喷洒一次1000倍乐斯本、800倍甲基托布津混合液，或25 ~ 30倍干燥纯净的草木灰浸出澄清液进行防治，均匀喷湿所有的枝叶，以开始滴水为宜，保护叶片。

水仙盆养三法

土栽　土栽的土壤要求用疏松的腐殖土。栽植前，将水仙头外表干枯的鳞茎片剥掉并刮去老根。加腐殖土至盆沿3厘米处。双手抱盆摇动，使腐殖土紧实，然后将水仙鳞茎盘坐落在盆中，再继续加土1厘米左右，接着浇透水，然后将花盆放在阴凉处。5天后，鳞茎长出根后，将花盆放到有阳光处。土栽浇水要注意见干见湿，一旦浇水就要浇到盆底漏水为止，浇水时间要选在早晚，否则会破坏根的生长。

沙栽　沙栽最好用洗干净的细沙，盆也要求透气好的瓦盆，栽植前，先将沙装入盆中，装至盆沿3厘米处，然后将剥去老茎片和老根的水仙鳞茎坐落在花盆中，再加1厘米左右的沙，然后浇透水放在阴凉处。5天后，将它放到有阳光处直到开花为止。用沙栽植水仙要天天浇透水，不及时浇水会造成缺水，影响花的根生长，浇水也要求安排在早晚进行。

水栽　水栽前将老茎片和老根剥离干净，放入养殖的水仙花盆中，加水至水仙头下球茎1厘米处左右，放到阴凉处。鳞茎长出根后，花盆放到有阳光处直到开花。水栽水仙花最好天天换水，防止水变质污染烂根，水干净根也洁白漂亮。

心脏不好种盆薰衣草

医学研究发现，薰衣草的香气具有改善心肌功能的作用，并对大脑边缘区和自主神经系统有一定的保护功能。也就是说，睡前闻闻薰衣草，其香味会让人情绪放松，进而使睡眠变得深沉。睡眠好了，心脏自然也就舒坦多了。

薰衣草为长日照植物，光照对其发育和芳香油的形成有极重要作用。薰衣草生长迅速，每年需换盆一次。

需要注意的是，薰衣草的病害主要是根腐病，在高温和积水环境下发病率最高。因此，最好每月用多菌灵、百菌清 800 倍溶液灌根一次，平时注意防止积水，保持干燥。

让翠菊开花茂盛

翠菊按花色可分为白色、蓝紫、紫红、粉红、桃红等色；按株形可分高、中、矮形；按花形可分彗星形、管瓣形、松针形、菊花形。

翠菊播种前应对栽培基质杀菌消毒，防止疫霉菌和镰刀菌病害。

播种后覆盖蛭石、沙粒或栽培基质。要求土壤保持湿润但不能过于潮湿，过湿会引起植株徒长、倒伏且易发生病虫害。每隔半个月需施一次稀薄液肥。翠菊喜干燥、阳光充足和通风良好的栽培环境。忌高温多湿和通风不良。栽培温度不能超过30℃，否则会使开花延迟或降低花卉品质。

为使翠菊开花茂盛，在栽培养护中应注意及时间苗和定植。当苗高到40厘米时，在盆内插竹竿并用绑扎带轻轻将植株与支撑物绑扎好，并将壤土壅在植株根部以免露根。对于大花形品种应及时疏掉无效枝和弱枝，通常每株保留5~7个分支为宜。

这样，翠菊花朵就可以开得鲜艳、茂盛。

仙人掌如何防腐烂

1. 改善栽培场所环境　仙人掌类花卉喜光照充足的环境，但不能暴晒，夏季中午应适当遮阳，但在冬季应尽量放在见光的地方，切不可置于阴暗的角落。生长环境最好是干净、通风良好、光线充足、温度适中，这样病原菌的发生和蔓延可大大减少。

2. 合理浇水　进入生长期应及时浇水，做到不干不浇，浇则浇透。对仙人球类植物，不能将水倾注入植株的凹处。最好在傍晚浇水，切忌于中午或在烈日下浇水。

3. 适时适量施肥　生长期一般半月左右施肥一次，入秋以后应节制施肥，冬季休眠期及夏季高温季节停止施肥，施肥浓度不宜过大，做到薄肥勤施。施用有机肥，要经过腐熟及稀释后才能使用。

4. 及时挖除腐点治理病株　一旦发现植株上有局部染病造成的黄褐色软腐点，应立即将它挖除，并将邻近的健康组织也挖掉一部分，然后涂以木炭粉或硫黄粉，晾干伤口并隔离栽培一段时间。当局部腐烂的部分较大时可将尚健的一部分切下来扦插或嫁接。

5. 药物防治　定期在植株上或周围环境喷洒杀菌剂，对预防腐烂病的发生有一定的作用，常用的杀菌剂有0.15%~0.35%浓度的代森锌，或0.1%浓度的多菌灵、托布津等。

妙用大蒜养好花

促进发芽

将大蒜去皮捣烂，与凉开水按1：3的比例涂抹玉兰、桂花、茶梅、蜡梅等萌芽，可提前5～7天萌发。涂抹花卉修剪造成的剪口，可防止剪口干枯，促进萌芽整齐。

防治腐烂

紫荆、连翘等木本花卉根茎部分干枯腐烂后，用利刀削平，深达木质部，将病菌周围好皮切成60度的光滑斜面，以露出黄绿相间的形成层为好。用大蒜瓣直接涂擦伤口，并使其附着一层大蒜黏液，7 ~ 10天涂抹1次，可起防腐作用，在夏季效果更好。

防腐保鲜

将大蒜捣碎后放于清水中浸泡12小时，连同水烧开，冷却后过滤，即成大蒜浸出液，将插花在10%的大蒜浸出液中浸泡10 ~ 20秒钟，可延长插花的花期。

五种花卉不宜买

刚上盆的花　购花时如见盆内是新土，茎干往上一扯就动，那这盆花肯定是刚上盆不久还没有长出新根的。这样的花买回后很容易枯死。

两棵或多棵合栽的花　这种花买回后长出的枝叶会逐渐变瘦、变黄，花越开越小。原因就在于营养不足，且盆内根须过多，容易板结。当然，专门的组合盆栽不在此列。

有根无茎叶的花　有些个体商贩在秋、冬两季上山挖取野藤、杂树根冒充花木出售，因无茎无叶，很难鉴别。

将枝叶用细铁丝捆扎成各种形状的花　这种盆花当时好看，时间一长，随着植株的生长，形态就会发生改变。而且，将植株全部枝叶同时捆扎，不仅影响光合作用，还容易产生病虫害。

茎或球上有小冻斑的仙人掌类　过冬的仙人掌很容易受轻微

冻伤，茎或球上出现比米粒还小的浅绿色冻斑，表面看没什么问题，但实质上植株内部组织已有大的损伤，这样的花买回后如不采取措施，斑点会越来越大，最后全株坏死。

如何制作掌上盆景

掌上盆景的用材

掌上盆景的植株不宜超过 10 厘米 (以植物出土部分计算)，选择的植物材料，应具有叶小、干粗矮、适应性强、耐修剪、易造型、易栽培成活等特点，如六月雪、榔榆、鹊梅、福建茶、雀舌栀子、小叶罗汉松、虎刺、瓜子黄杨、雀舌黄杨、珍珠黄杨、金雀等。

掌上盆景的用盆

掌上盆景用盆较小，签筒盆口径一般应为 4 ~ 5 厘米，圆形盆或方形盆口径 5 厘米左右，浅口长方形或椭圆形盆口径一般在 10 厘米左右。

掌上盆景，多采用古雅的紫砂盆或釉陶盆，盆的形状、深浅和色泽，应与栽种的植物材料在叶形、叶色以及花果的色彩上相协调，要与树木的姿态密切配合。也可用生活器皿做盆，如烟灰缸、茶杯、小碗、鸟食罐等，但底部需钻孔，以利排水。

掌上盆景的制作

掌上盆景的桩材来源，主要靠嫁接、扦插、分株、实生苗培育、野生小树桩的挖掘而获得，造型采用蟠扎、修剪、提根等方法，操作时要求认真仔细、精巧细腻，力求功力、运力得法，表现在枝条、主干上，使原本的小树、嫩枝呈现气质沉着的“古老大树”之貌，使外表形式与内在气质很好结合。经过加工造型的桩材，宜先移栽于稍大的泥盆中培养，1~2 年后再移栽于小盆中定植，可提高成活率。

小庭院怎样种花

小庭院的特点是：地方小，光照少，通风差，湿度大。这些对于许多花卉的生长都是不利的，且容易使花卉产生病虫害。克服这些不利条件的重要办法，就是改地栽为盆栽，架设台阶提高位置。台阶应设在院内光照时间最长的地方，台阶最底层离地 30 厘米以上，前后层高度相差 20 ～ 30 厘米。

小庭院栽培品种的选择，应以较为耐阴和抗逆力较强的品种为主。如木本花卉中的蜡梅、金橘、米兰、含笑、杜鹃、天竹、虎刺等；草本花卉中的兰花、吊兰、文竹、石竹、玉簪等；藤本花卉中的金银花、凌霄等。盆架下的地面可种秋海棠、虎耳草、垂盆草等。如果每天太阳照射时间超过 4 ～ 5 小时，可考虑种月季和仙人球。

在管理方法上，首先要注意控制浇水。小庭院湿度大，又不太通风，如不控制水分，易造成植株烂根黄叶，或产生霉病，以致死亡。为了避免这种情况，宜选择透水通气性好的疏松土壤做栽培用土。花盆大小与植株大小相适应，花盆过大易造成泥湿而根不发。平时应注意松土除草，防止滋生病虫害。花卉枝叶过密，应进行疏枝摘叶，保证充分的光照和通风。一旦发现病虫害，应及时杀灭，去除病枝、病株，以防止病虫害蔓延。

让郁金香每年都开花

如果种植时技术达不到要求，郁金香就很难开花。采用下述方法进行养护，能使郁金香年年开花。

待花凋谢后即剪去花梗，把带叶的鳞茎种在盆内（有小院的也可种在地上）。种时要先加基肥，最好用豆饼粉和骨粉，以促使分裂出的小鳞茎生长，期间还要再追施薄肥 2 ~ 3 次，平时需浇水。

初夏郁金香进入半休眠期，这时要从盆中挖出小鳞茎并晾干后储藏。待到 9 ~ 10 月再重新上盆，并施基肥。冬季地栽的可露地越冬，盆栽的放置室外向阳的暖和处，盆土要偏干忌湿，这样到来年立春后它会从土中长出新叶。

花木简易防虫法

西瓜皮可护盆治虫：将西瓜皮扣在盆土上，可以4天不用浇水，可以成为盆花的好养料；如在西瓜内放上几个香烟头，烟汁可渗进盆土内，一般的小虫可以被杀死。

喷洗衣粉溶液：取2克洗衣粉，加水500克搅拌成溶液，加清油一滴，对植株上的虫体喷雾可杀死蚜虫。此法对杀蚧壳虫、红蜘蛛、绿刺蛾、粉蝶、白粉虱的成虫、卵及幼虫等也有效。

喷烟草液：取烟草末或纸烟头内的烟丝20克，加水500克浸泡24小时后过滤，得滤液，使用时再加入2%的肥皂水，喷于盆土及盆底周围，可防治线虫。

喷韭菜液：取50克韭菜叶捣烂，加水500克，过滤得滤液后，对着蚜虫虫体喷洒，可杀死蚜虫。为防治月季的白粉病，则可用新鲜韭菜叶50克，捣烂后加水3000克过滤，用滤液喷洒叶面，每隔3天再喷洒一两次，效果也很好。

喷洋葱头液：取洋葱头一只，捣烂，加水500克，浸泡24小时，过滤后用滤液喷洒，可防治蚜虫、螨虫、潜叶虫，对最顽固的红蜘蛛，每天喷一次，连续三天就能杀灭。用此汁液浇入盆土中，还可防治线虫危害。

富贵竹养殖技巧

富贵竹喜温暖湿润、光照良好的环境，耐半阴，忌烈日暴晒。生长适温 18℃ ~25℃。低于 13℃，开始休眠，最低不要超过 10℃。培养时，浇水适中。夏日喷水，秋后少浇。家庭种植富贵竹，可以盆栽、水养和制作盆景。

盆栽用土，要求排水良好。春、夏季，剪茎段 10~15 厘米，插在湿润沙土中，二十多天后，新芽生出时，再分株上盆，或以 3~5 枝插穗，直接插在盆里，也能生长。盆土保持湿润，用肥要少，防止徒长。适时浇些液肥，避免缺肥叶子泛黄。长高之后，可以修剪，保持株形美观。

水养十分方便，把枝条插入合适的花瓶中就可以。枝条长的，5~7 枝插一大瓶；枝条短的，4~5 枝插一中瓶，疏散插开，不宜太挤。装半瓶水，不能装满。枝条入水部分，叶片、叶鞘都要除去，防止腐烂。十天半个月后，枝条下部开始生根。此后，注意加水（不是换水），防止瓶水全部干掉。春、夏季每月加少量复合肥，一瓶一小粒，保持叶片油绿。

富贵竹容易种植，可以长期摆放，对环境要求不严，很少发生病虫害，而且形态秀美，常年青翠。

君子兰分株后如何养护

君子兰分株后，初离母体的子株生长条件发生了很大变化，自身生长能力较弱，必须精心养护才能保证子株成活。

1. 分株时要尽量保留好子株上的根系。根系越多，越有利于子株以后正常生长。

2. 及时用干净的细炉灰、木炭粉、草木灰等涂抹伤口，使其迅速干燥，防止水分蒸发和病菌侵袭。

3. 对于无根的子株，不要急于放入营养水中养护。要在伤口稍晾干后，先埋入消过毒的细沙、锯末或珍珠岩中进行催根处理。在 20℃ ~25℃的温度下，保持盆土湿润。50 天左右即可长出新根，然后再栽植于营养土中正常养护。

4. 要控制浇水。刚离开母株且栽植于营养土中的子株，第一次浇水不宜过多，以防伤口感染腐烂。

花卉保鲜法

白兰花保鲜法　用火烤白兰花切口处至微干，涂上石脑油，保鲜效果远胜插入水瓶。

百合花保鲜法　将百合花的雄蕊摘除，能延长保鲜期。

杜鹃保鲜法　将杜鹃花插入盛满凉水的瓶内，在瓶内加块木炭，可延长花鲜期。

芙蓉花保鲜法　将芙蓉花插入60℃左右的水中，待水冷却后，萎缩的花瓣便可复原。

荷花保鲜法　将荷花剪下来，用泥塞住切口孔，再用头发丝缠住切口，可使荷花几日不谢。

看花器选插花

透明的玻璃花器，简简单单，随意地插上一束花，就会很好看。时值春季，推荐樱花与玻璃花器相配，能带出妩媚、娇嫩的春天气息。

不锈钢材质的花器冷硬感颇富有现代色彩。建议搭配白色的花，如白玫瑰、香雪兰、洋牡丹等。

白瓷花器带有东方式的含蓄和宁静感，选择些简单的花材与之相配，最能体现这种气质。在春天里，可以考虑梨花或者桃花。

陶器与瓦器这些比较拙朴的花器，可以搭配银柳枝条、芦苇、红豆等草木，创造出一种自然的山野气息。

蝴蝶兰为啥不开花

土壤原因：蝴蝶兰喜酸性，最佳土壤酸碱度 pH 值为 4.5~5.5，因而在日常管理中要特别注意掌握土壤的酸碱度，否则将会因土壤呈碱性而影响根部水分和养分的吸收，导致生长不良、不开花。

温度原因：蝴蝶兰的生长适温为 23℃ ~28℃，只有保持这个温度才能开花良好。

光照原因：光照过弱，蝴蝶兰的长势会不正常，往往是叶芽多而花芽少。

通风原因：蝴蝶兰放置在通风换气差的地方，易使植株得病，尤其是在花期，花茎顶端易凋萎，导致花蕾枯黄，影响开花，即使已盛开的花朵也容易提早衰败。

施肥原因：施肥过浓，易造成蝴蝶兰花蕾早落。营养生长期可施氮肥，但生殖生长期就应停施氮肥，多施磷钾肥，可促使出蕾开花。

浇水原因：浇水不足，也容易造成叶片枯黄，影响花芽分化和开花。

盆栽梅花

盆栽梅花在3月下旬花期结束，梅桩开始萌发新梢，盆栽梅花的春季管理应从这时开始。管理包括修剪造型、换盆、换土、施肥、摘心及病虫害防治五个方面。

一、梅花小盆景以自然形态为主的方法进行整形修剪，即除去正枝，留斜枝。

梅桩修剪后，以曲、斜、卧、悬等式样栽入盆内，将直立根剪去，去年的毛细根剪短一些，以促使其发生新根。

二、换盆换土时，将磷酸二氢钾适量混入泥浆，根部打浆后再上盆。盆土上部用含有机肥成分多的腐质土壤，盆底土用渗水性强的沙质土。

三、盆梅的春季施肥十分重要。梅花盆景因土少，养分不足，故每次浇水都要追施腐熟的人粪尿和饼肥水。在盆梅发新根后，要利用春季下雨天施用复合肥，以补充养分。施肥要根据温度、盆土湿度及排水情况来决定。盆土不能过干或过湿，过干则新梢不易生长，过湿则烂根。同时每个星期还要松土一次。

四、剥芽。幼芽发出以后，应及时将过密的芽剥掉，以免消耗养分。每枝留芽2～5个，每盆留芽以不超过20个为宜。5月上旬，新梢长到20厘米集中在营养生长上，则花芽不易形成。

五、盆栽梅花的病虫害，主要是蚜虫和毛虫。要早防治，以免危害新梢生长。可用敌杀死加 400 ~ 500 倍水防治，并从 5 月份开始每 10 天用多菌灵和磷酸二氢钾兑水喷洒，以预防梅花炭疽病。

常年护花花常妍

一月：因强寒侵袭，气候寒冷干燥。可给花卉加套塑料袋保温，室内保温的花卉应控制浇水量，保持盆土的干燥，露天的盆花浇足水，做好翻土、施基肥等工作，并可适当整形。

二月：天气阴冷多雨，继续防寒，杜鹃、月季、天竺葵及落叶树桩盆景均可翻盆。

三月：气温转暖，多阴雨。可修剪，室内花卉在防寒的同时加强通风。

四月：暖空气渐强，雨水较多。君子兰、石榴、文竹等可播种繁殖，室内盆花可移至室外。

五月：春雨连绵，日照少，天气渐热。米兰、杜鹃、茶花、橡皮树压条繁殖 (5 ~ 6 月)，菊花扦插，洋杜鹃嫩枝劈接繁殖。

六月：夏季到，昙花、杜鹃、茶花、茶梅、扶桑、菊花等可扦插繁殖，做好月季黑斑病、白粉病的防治。

七月：气候炎热，一般花卉及时补水，畏酷热的尽量少浇水。

八月：高温的伏旱天，杜鹃开始花芽分化，应增施磷钾肥；仙客来、马蹄莲、天竺葵可翻盆。

九月：冷空气始入，多秋雨，喜温的花卉每隔 10 天根外喷施磷钾肥 2 ~ 3 次，提高抗寒能力。

十月：冷空气加强。有秋寒与早霜，遮阴的可在月初撤去遮阴物，不耐寒的移入室内。

万年青开花结果有窍门

盆栽万年青，宜用含腐殖质丰富的砂壤土做培养土，土壤的 pH 值在 6 ~ 6.5 之间。每年 3 ~ 4 月或 10 ~ 11 月换盆一次。换盆时，要剔除衰老根茎和枯叶，用加肥的酸性栽培土栽植。上盆后要放在遮阴处几天。

冬季，万年青需移入室内过冬，放在阳光充足、通风良好的地方，温度保持在 6℃ ~ 18℃。万年青若冬季出现叶尖黄焦枯萎的现象，主要是根须吸收不到水分，所以要保持空气湿润，每周浇 1 ~ 2 次水为宜。最好每周用温水喷洗叶片一次，以保持茎叶色调鲜绿。

夏季，万年青需放置在庇荫处，不能多浇水，否则容易引起烂根。春、秋季节浇水不宜过勤。夏季每天早、晚还应向花盆四周地面洒水，以造成湿润的小气候。生长期间，每隔 20 天左右施 1 次腐熟的液肥。初夏生长较旺盛，可 10 天左右追施 1 次液肥，追肥中可加兑少量 0.5%硫酸铵，能促叶色浓绿光亮。在开花旺盛的 6 ~ 7 月，每隔 15 天左右施 1 次 0.2%的磷酸二氢水溶液，促进花芽分化，开花结果。

树桩盆景的修剪

树桩盆景在生长期中常会突生新枝，应及时将这些突出的枝条剪去，保持枝片平整，层次清晰。

雀梅、榆树等萌发力强的树种，每年要修剪 3 ~ 5 次；雀舌罗汉松、紫杉等树种生长缓慢，发枝力弱，在 6 月和 10 月各修剪一次即可。黑松、五针松、黄山松、锦松等松树盆景，若要使它发枝短密，应在 4 月间将枝梢上的主芽全部抹去，再发出的枝梢就较短，以后再疏去过密的枝。榆树、雀梅等桩景，易在干、枝上产生不定芽，应随时摘除，以免萌生杈枝，影响树形美观。青枫、黄杨、构骨等树种，发芽后留 1 ~ 2 节摘心，再发再摘，使枝密而短，不失去比例。观花赏果树种，要根据其开花结果的习性来修剪，如火棘、海棠等开花结果多在靠近主枝的短枝上，故营养长枝可适当短截，使它产生果枝，同时使固有的花果得以充分展现。梅花、迎春都在花后强剪，以促使萌发壮健新枝，来年多开花。冬季，是落叶树种的最佳修剪期，应进行细致的修剪，将下垂弱枝、杂乱枝、交叉枝、重叠枝等剪去，使树冠疏密有致，层次分明、有条不紊。

总之，树桩盆景需要长期养护，仔细观察，耐心修剪，方能培养出优美的树形。

水仙五怕

怕成熟水果：水仙株旁不能摆放成熟水果，以防各种水果释放的乙烯等气体加速花朵的凋谢，缩短花期。

怕铁器：水仙水养不能用铁器，应用瓷、陶、玻璃、塑料等器皿，否则锈水会使花芽、须根的刻伤部位霉烂。

怕盐碱水：水仙宜用井水、雨水、河水或江水来水养，若用自来水，应提前2~3天在盆或缸内蓄水澄清，然后取浅层水水养，防止漂白粉为害。

怕高、低温：水养温度以4℃～25℃为宜，其中15℃～18℃最佳，过高的温度会造成叶片徒长，花色灰暗，花葶矮小。

怕叶面污垢：水养期间需保持叶面清洁，否则既影响美观又减弱了光合作用。

宠物常识

适合女性收养的宠物

波斯猫：人缘最好的猫咪之一，恬静可爱、乐观向上、对人诚实、举止优雅。

喜马拉雅猫：善良乐观、热情大方、顽皮可爱、心地宽容，不跟其他猫打架，叫起来像唱歌。

苏格兰折耳猫：留恋家庭、热爱主人，虽然只与一个人朝夕相处，但对所有家庭成员都不错。

土耳其安哥拉猫：常常一动不动地卧着，给人小家碧玉之感，举止端庄、恬静热情。

英国短毛猫：举止端庄、独立性强，善于与狗沟通、玩耍，对人也忠实，心理素质好。

马尔济斯犬：有犬中贵族的雅号，活泼灵敏、对人有感情，表情还很丰富。

日本犬：个性活泼、跟人亲，特别适合时尚女性。

博美犬：个头小、不占地，心情开朗，活泼好动，无体臭、少掉毛，再适合女性不过了。

可卡犬、拉布拉多犬、金毛巡回犬：聪明、漂亮，最能衬托女主人的高雅气质。

预防宠物病七项注意

一、及时到有关部门为宠物注射疫苗，特别是在街头领养回家的宠物，一定要先去兽医部门检查，并注射疫苗。

二、每年都要为宠物进行一次寄生虫方面的检查，定期给它们服用杀虫药物；同时，每天要对宠物的休息处进行清理，并定期进行消毒。

三、避免用鼻子或嘴去亲吻宠物，也不要和宠物同桌进餐，更不能与宠物共用餐具。当接触过宠物后，一定要及时洗手。当孩子被动物咬伤后，要及时去医院就诊，进行清创。

四、当饲养的鸟食欲明显下降、羽毛无光时，需特别注意。因为它很可能是感染上了鹦鹉病。你需要戴手套甚至面罩去清理鸟笼子。

五、如果宠物经常在户外活动，要定期检查它们身上是否有虱类寄生虫，除按照要求注射疫苗，还要定期到医院或疾控中心驱虫。

六、1 岁半以下的幼犬以及 1 岁的猫应 1 个月驱虫 1 次；成年犬半年驱虫 1 次，成年猫 1 年驱虫 1 次。

七、宠物猫犬除了常规驱虫以外，还要进行非常规驱虫，发现宠物粪便有虫时要立即驱虫。要特别注意的是，宠物患病后要及时去兽医院诊治，以避免感染动物传染病。

谨防宠物生夏季病

大量饮水防中暑　平时应该给宠物全天供水,而且每天换水,保持水的清洁。当狗张大嘴喘气，口边有白沫，走路失去平衡，身体显得虚弱时，很可能就是中暑了。这时应该尽快使它的体温降下来,可以用凉水冲淋犬的身体,或把它放到冷水浴盆里降温。

宠物空调病　在炎热的中午，如果将宠物带到户外，或将已经在外晒了很长时间的宠物带回开着空调的家里，宠物就容易生病。空调病主要症状是打喷嚏和流鼻涕，厌食甚至不吃不喝，严重时体温升高，呼吸和心率加快，说不定还会造成猝死。所以主人们不要让宠物睡在空调风口下，最好让它们待在有自然风的环境里。

正确的夏妆　夏天要及时清理宠物的脚底毛、腹毛，帮助散热；修剪长耳朵狗狗的耳毛。剪毛的时候，切忌修剪得过短，因为适当的毛发可以阻隔紫外线。

夏日饲养宠物须知

1. 千万不要将宠物留在车里。有些宠物主人认为把车停在树荫下，或者打开一点车窗，把宠物留在车里没关系。其实这样做是很危险的，在闷热的车里，动物的体温会迅速升高，导致中暑甚至死亡。

2. 在炎热的天气里，确保宠物随时有充足、洁净的水可以饮用。因为在夏季，猫和狗的饮水量都会大大增加。

3. 如果你的狗不喜欢游泳，千万不要强迫它。有些狗是不喜欢游泳的，即使是喜欢游泳的狗，主人也要在狗游泳时在一旁看护好。当狗游完泳之后，主人要记得再为它洗个澡。

4. 车辆在行驶时注意莫让宠物的身体伸出车外，被溅起来的石子，或者路边的树枝等都会伤到宠物。

5. 在雷阵雨的天气里，不要让宠物外出。因为在室外，雷声会吓坏它们，而且宠物会有被雷击的危险。

6. 夏天，要经常检查你的宠物身上是否有跳蚤，要定期为它驱虫。

7. 去宠物医院检查宠物是否患有蠕形螨等外寄生虫病，应引起重视。

8. 在炎热的夏天里，一旦你的宠物表现出下列症状，如气息粗重、心跳过速、目光呆滞、意识不清、发烧、眩晕、呕吐等，它可能就是中暑了。一旦宠物出现中暑症状应采取以下措施：

（1）尽可能帮助宠物降低体温。（2）将宠物移到树荫下或者有空调的地方。（3）用冰袋、凉毛巾等敷宠物的头、脖子和胸部，或者将它放进凉水中（水温不要过低）。（4）让宠物适量喝一些冷水或舔冰块。（5）直接将动物送往兽医诊所。

宠物的急救与护理

人工呼吸　当犬猫脑部受伤或其他原因停止呼吸 5 ~ 6 分钟时，就应立即施行人工呼吸。做法为：放犬、猫侧卧，把头伸直，用手拉出舌头，用干净布或纱布除去口腔和咽部的黏液或异物，然后在肘后用力而柔和地下压胸部，压下后停留几秒钟，放开几秒钟，如此反复进行，直到开始呼吸为止。

止血　止血有三种方法，即手压止血、绷带压迫止血和止血带止血。手压止血可用清洁布或纱布块，紧压在伤口上 4 ~ 5 分钟，然后轻轻减小压力；如果继续大量出血，稍停一会儿，用纱布放在伤口上，再用绷带捆扎压迫止血，捆扎 1 小时，解开绷带检查一下，看看出血是否停止和绷带的松紧情况；当手压和绷带止血无效，或伤口呈现喷射状出血时，可用止血带止血，将止血带紧勒在伤口上方，每隔 15 ~ 40 分钟松一下止血带。

打绷带　打绷带时应先清理局部创面。若局部有外伤可用抗生素溶液清洗，擦干后用药棉或纱布包裹；若有骨折，尽量把两断端对好，用硬纸片或薄竹片放在药棉或纱布外，再用纱布捆绑，尽快送动物医院；捆绑后若局部肿胀，需松开重打绷带。打绷带时，切记要把绷带打牢但不要太紧，以免妨碍局部血液循环。

秋季天气干燥　宠物饮食很重要

加餐必备　一般情况下，不管在什么季节，喂狗、猫首先应该考虑的就是狗粮、猫粮，这是最好的保证猫、狗饮食营养均衡的办法。秋季天气干燥，可能会导致宠物身体不适。因此，宠物主人可以在宠物食物中适当加入少量蜂蜜。蜂蜜可以促进消化吸收，增进食欲，还可以润肠通便、防止便秘。但是要注意把握好用量，如果用量太多会导致宠物拉稀。在干燥的天气里，为了帮助猫、狗调节新陈代谢，有必要给猫、狗补充一些维生素（维生素B或者一些综合性维生素）或者营养膏。

饮食误区　如果宠物主人想偶尔改善宠物的伙食，给它们吃得特别好，虽然让它们痛快了一时，但实际上并非好事，容易导致宠物养成不良的饮食习惯。比如，带宠物到外面遛弯儿时，给宠物喂食羊肉串等，就不太科学。

有些主人喜欢给狗或猫吃人吃的食品，或者以“火腿肠＋米饭”、“肉＋米饭”等食物做主食，这会造成宠物营养不良，从而间接导致一些以缺钙为主的疾病，如狗的腰椎病、佝偻病，不该出现的骨折及因骨盆狭窄而出现的便秘、肥胖、尿结石和牙结石等，因此，这种喂食方式不可取。

长期给猫狗喂食动物肝脏类食物会对宠物的身体健康产生不良影响，因为肝脏会有一些遗留的毒素。此外，因为肝脏富含维生素 A，而维生素 A 和维生素 D 在体内是竞争的，维生素 A 多了会影响到维生素 D 的吸收，从而造成缺钙。

注意宠物在家中的安全

首先要注意家里的阳台和窗户，许多缝隙都有造成宠物坠楼的危险。所以一定要加高阳台和窗户的围栏，对过宽的缝隙应以铁丝网围封。

其次要确保家中没有任何暴露的电线，家用电器在主人外出和临睡时最好断掉电源。

还有就是要注意家中的绳和线，小猫、小狗特别容易受绳和线吸引，并误以为是玩具，如果不慎吞下，轻则会阻塞肠道，重则有可能导致窒息。平时它们在玩弄窗帘绳和百叶窗时也有被缠着的可能，弄不好有受伤或者被勒死的危险。因此，窗帘绳必须打结或缩短长度，避免宠物随意扯拉。

寒冬如何呵护宠物

犬类：重点防感冒

1. 避免感冒：冬季由于气温降低，狗很容易着凉，尤其是短鼻子的犬非常容易感冒，特别要注意保暖。预防感冒的最有效措施就是给它们穿上厚厚的衣服，并在狗窝内铺垫底褥。此外，每次洗澡后，一定要马上吹干，吹风的温度不要过高，忽冷忽热也容易引起感冒。2.多晒日光浴：阳光中的紫外线能杀灭病菌和促进钙质的吸收，有利于骨骼的生长发育，预防佝偻病。3.食物中脂肪量要多：冬天的饮食搭配上，应增加奶油、内脏、牛奶及富含维生素A及脂肪成分较多的食物，这类食物可迅速补充热量。

猫类：预防呼吸道疾病和肥胖症

1.多晒太阳：冬季气温低，光照时间短，每当阳光灿烂的日子，应让猫多在太阳下玩耍。2.预防感冒和烫伤：有暖气设备的家庭保温条件好，但要防止室内外气温的骤变。暖气设施一般表面温度很高，要注意淘气的小猫被暖气烫伤。3.加强室内运动：冬季运动量少，猫咪易发生肥胖症、糖尿病、妊娠难产等。可增加猫的室内运动量。猫喜欢追捕活动，可给它乒乓球、皮球、小纸团、线团等玩具，它会不断地追逐玩耍，既可增加活动量，又锻炼了猫咪的身体素质。

鸟类：增加脂肪性饲料

1.增加脂肪性饲料：为了使鸟增强抗寒能力，安全过冬，饲料中应增加10%~20%的脂肪性饲料，如瓜子仁等。还可适当增加草性饲料的量，并补充牛、羊肉末或活的昆虫喂食。2.避免笼鸟受冻：冬季要尽量让笼鸟多晒太阳。尤其是一些不耐寒冷的鸟，如点颏、相思鸟、绣眼鸟等。

怎样给宠物洗澡

水洗

在洗澡之前要把准备工作做好：一是用棉球塞住宠物的耳朵,以免进水伤了它;二是要把宠物的趾甲剪短,以免挣扎伤了你。

精油消灭体臭　天然精油具有芳香、消炎、驱虫的作用，在温度适宜的洗澡水中滴入两三滴植物精油，用温水把宠物的皮毛尽可能地浸泡在水中，同时轻轻按摩，让皮肤充分吸收，然后按照常规方式洗澡即可。

浴盐杀灭细菌　宠物浴盐不仅能够预防皮肤病的产生，而且矿物质独有的杀菌成分也能够把细菌完全消灭。

海泥治疗皮肤病　把浓缩的海泥溶在水中,让宠物充分浸泡，不仅能够消毒除臭，而且像跳蚤、毛囊虫、螨虫、蜱虫造成的皮肤病也都能够起到治疗作用。

干洗

很多宠物都适合长期使用干洗的方式，比如怕水（以猫为代表）、年幼（6 个月以下）、老迈（8 岁以上）及体弱（病后）。需要注意的是，尽管干洗要比水洗温和，但是在病中及孕中的宠物还是绝对不能使用的。

干洗液对付淘气宠物 往宠物身上喷几下干洗液，然后假装抱抱、摸摸，顺势就可以把已经消灭了有害物质的干洗晶体清理下来了。它的好处就在于对宠物的性格、状态和姿势没有要求。

麦片适合敏感肤质宠物 选择麦片的原意就是为了要去掉宠物身上的油腻和毛发纠结，所以要选用不加糖、奶的原品，还要加入少许婴儿爽身粉，以减少刺激。和干洗产品比起来，纯天然麦片更适合皮肤敏感的小动物以及加拿大无毛猫、中国冠毛犬(只有头部有毛)这些特形宠物。

宠物独处四注意

外出前关闭窗户和阳台门 敞开的窗户和留有缝隙的阳台有可能造成宠物“失足”坠楼，因此，宠物主人应在出门前关闭窗户和阳台门,或者尽量避免在窗户边或阳台上放置椅子或木箱等。

注意家中的电线或接线板 猫狗在接线板旁玩耍时，身上的长毛万一触到插孔里，会发出蓝色的火花。因此，要确保家中没有暴露的电线，确保小猫、小狗不会误啃电线而触电。单独留它们在家中时，应把它们关在没有电线的房间里。

注意家中零散的绳和线 宠物特别容易受绳和线的吸引，并误以为是玩具。不慎吞下时，轻则阻塞肠道影响消化，重则导致窒息。此外，有些小猫、小狗喜欢找个东西练练牙齿，不是家具就是什么小物件，如果它们啃家中的摩丝瓶或一次性打火机，咬炸了可不是闹着玩的。

暖水瓶和塑料袋也是危险物　小猫喜欢在家中上蹿下跳，如果旁边有暖水瓶，一不小心碰倒，就算不被开水烫到，也可能被破碎的瓶胆扎伤。塑料袋质地轻，在猫狗的摆弄下会翩翩飞舞，惹得它们爱不释“爪”，但一旦被塑料袋罩住了头，很容易导致窒息死亡。

秋季养鱼注意多

秋季是鱼病的多发季节，鱼病的多发，或多或少与饲养方式有关系。

很多家庭使用电器化鱼缸，认为这样的鱼缸带有水质循环系统，在换水等问题上就会疏忽，其实这是造成鱼病的最大隐患。鱼病中的烂鳍病是由水更换不及时和水质不好引起的，要注意定期更换。秋季养鱼的水质以保持嫩绿色为宜。可采用三分之一老水加三分之二新水的方法，在保持水质的基础上，尽可能延长彻底换水的间隔时间。换水、捞鱼时要避免鱼体受伤，可采用较大的捞网，捞网离水后用手遮盖，防止鱼跳出，换水时避免水流冲击鱼体。

饲料要选择品牌的，投放不洁饵料，容易诱发肠炎。容器、工具要经常消毒，用药后要用清水洗净，消除残留药性。可以在容器中滴些亚甲基蓝液，使水呈浅蓝色，以达到消毒的目的。新购进的鱼与原饲养的鱼混养前，应先进行鱼体消毒。常用的消毒药液有 3% 食盐水或呋喃西林溶液、高锰酸钾溶液，任选一种，将鱼药浴 5~10 分钟。

巧妙观察金鱼是否患病

首先，水质良好的条件下，健康的金鱼体色非常艳丽，而且最关键一点就是鱼鳍透亮，充分展开，光照下闪闪发光。如果鱼鳍出现发污不透明、不能充分展开（长尾老龄鱼除外）的现象，就证明鱼体已经出现不适的征兆了。

其次家庭饲养条件下金鱼也好像和主人有了感情，主人每每走到跟前时鱼儿都会迅速游过来上蹿下跳，甚至头都会探出水面。若此时发现有的鱼不合群独自在一个角落里发呆，并且体色发暗，没有了往日艳丽的色彩，这也是一种不适的表现。

第三个现象就是在水体不缺氧、没有喂食的前提下，正常的鱼呼吸频率应该很慢并且在水中自由游弋，此时如果发现某条鱼呼吸频率（鳃盖张合的频率）很快，甚至出现嘴探出水面呼吸的动作，同样证明出现了不适征兆。

第四点，平时如果发现鱼体在水中偶尔急速乱窜，并且同时出现在缸壁、水草、气管、泵管等上来回蹭的现象，说明它也是一尾不正常的鱼了。

特别提醒：鱼一旦得病，一定要尽早隔离。

金鱼的饵料

想让金鱼长得快，可以多喂一些天然动物性饵料。鲜活饵料投喂前一定要先用清水清洗干净再用高锰酸钾水溶液浸泡 5 分钟，浓度为肉眼看有些浅紫红色就可以了，泡后用清水洗净。

如果没有时间每天去捞水虫、红虫，冷冻保存是解决问题的好办法。不管哪一种饵料冷冻前都要先用清水洗净、然后用高锰酸钾溶液浸泡大约 1 分钟，浓度可以适当加深，再用清水洗净，控干水分后冷冻，冷冻容器最好使用冻冰块的小格子盒，投喂时需要几块用几块。注意一点一定要温水化开后再投喂。

日常喂食要掌握定时、定量的原则。一般早上和下午各喂一次即可，时间最好定在 7 点和 14 点。至于每次投喂量，如果是鲜活饵料保证在 20 分钟内吃完，如果是其他饵料或者冷冻后的天然饵料，则在 10 分钟之内吃完就行。

让热带鱼安然过冬

热带鱼对于温度的要求比较高，尤其在冬季，虽然鱼缸放置在室内也还是需要采取水体保温措施。

饲料要现制现喂　冬季不能喂晒了数天的饲料。干颗粒一般漂在水面的时间较长，鱼自然会露出头部上来抢食；而刚刚制出的颗粒饲料含水较多，撒进水中沉降较快，这就迫使鱼在水中摄食，从而减少了露出水面而被冻伤的机会。

去掉颗粒饲料中的粉料　喂鱼时水面上不得有粉料，以杜绝鱼因呈浮头状吃粉料而被冻伤的现象。通常在喂鱼前把颗粒饲料用 20 目绢纱筛一遍即可。

调整喂鱼时间　自立冬开始，每天第一次喂鱼时间由早 8 时改到上午 10 时，因为早晨 8 时气温较低，水温、气温之差在全天最大。而上午 10 时气温已开始逐渐回升，水温、气温之差相对较小，此时开始喂鱼，在一定程度上减小了低气温对鱼的影响。

水温调节到适合热带鱼生长的范围　冬季可以将鱼缸置于暖气设备的周围，用粗玻璃筒放入灯泡来进行加温；有条件的可以使用电热管来进行加温。冬季可将水温调到 20℃左右，以缩小水温、气温之差，相对减轻冻伤之危害。

补充维生素 B_{12}　维生素 B_{12} 是动物机体中所必需的一种维生素，在机体中能够增强许多酶的活力，促进多种物质代谢的进行。

金鱼常见的十种疾病

一、白点病　病因：寄生性小瓜虫，春末、秋末最易发生。防治方法：延长自来水晾晒期，让水“熟”透。用 150V 加热棒，

2～3天内鱼缸内水温升至30℃以上，小瓜虫能自行脱离鱼体，用吸虹吸出缸底污物及病原体。

二、竖鳞病 病因：点状极毛杆菌感染引起，冬季水温较低或换水水温差异过大引起。防治方法：一盆清水配制高锰酸钾，以配制成深色水为准，浸洗后将鱼放入清水中漂洗，然后用呋喃西林干粉涂抹患处。

三、打印病（腐皮病） 病因：革兰氏菌感染引起。防治方法：防鱼体碰撞受伤，增加增氧量，配紫外线杀菌灯增加照射。投喂含有呋喃唑酮的饵料。

四、出血病 病因：荧光杆菌感染引起。防治方法：食盐3%~5% 浸洗，1毫克漂白粉兑一盆水浸洗。

五、痘疮病 病因：疱疹病毒感染引起。防治方法：多喂干净、鲜活的饲料，增加鱼体体质，一盆水配10毫克红霉素，浸洗，大鱼也可注射百万分之零点二左旋氯霉素。

六、水霉病 病因：水霉菌感染引起。防治方法：一盆水配0.01毫克孔雀石绿，浸洗，见病鱼体已有绿色染附即可，放入清水漂洗，提高水温，增加光照，鱼缸内加呋喃西林溶液至水呈淡黄色。

七、鱼鲺病 病因：鱼鲺寄生。防治方法：一盆水配敌百虫2~3克，浸洗鱼体，浸洗时要增氧，再放入含有呋喃西林的清水中漂洗。

八、感冒病 病因：换水时水温升降太快造成。防治方法：新水应慢慢注入鱼缸内，间接水温不要超过 ±3℃，注意天气变化，预防水温突升突降，根据季节调升鱼缸内水温。

九、肠炎病 病因：投放饲料量变化过大，突然变换饵料品种，水中含氧降低，水质污染，投喂不洁饲料等。防治方法：投喂干净饲料，多餐少量，保持水质干净，加喂痢特灵，停食1～2天。

十、鱼膘病 病因：水温变化差异过大，受到突然惊吓，饱食过度，引起鱼膘功能性失调。防治方法：提升水温，增加水中含氧量，保持水质干净，分次投喂少量活食，诱导病鱼摄食活动。

水族新手的入门鱼种

孔雀鱼　孔雀鱼习惯群体行动，繁殖期只要温度、水质适合，几乎全年无休，被水族爱好者视为繁殖的入门鱼种。

斑马鱼　顾名思义，斑马鱼身上有着白黑条纹，相当抢眼且容易辨别。原产于东南亚的斑马鱼，温和好动，经常成群在水箱的中、下、上层群游，体态飘逸、颜色淡雅，它们好养又便宜。

白云山鱼　原产于广东地区，是一种小型的观赏鱼。体侧中央有一条金色及黑金组成的纵纹，尾柄上有一个黑斑，尾鳍中央呈鲜红色，性情温和且活泼好动，是群游性鱼类。这种鱼不论单体或群游都很吸引人的注意，喜好在水族箱的中层活动。

夏天养鱼　要勤搞卫生

一是容器和工具。鱼缸、鱼池都要经常刷洗，新买的鱼缸应该清洗干净之后再使用；捞鱼用的小网等工具每次用完后应以清水浸泡半小时，放在阳光下晾晒消毒。

二是饲料。如果您经常用从河流、水沟中打捞的浮萍、虾虫等喂养金鱼，这些饲料中很可能也带有病原体，要先用 10%的高锰酸钾溶液浸洗 10 分钟左右，用水洗净之后再投喂。

三是养鱼的水。金鱼粪便、食物残渣等杂质在高温环境下容易污染水质，您可以每天或隔天用虹吸管吸除鱼缸 (池) 底部的陈水 (约占总水量的 1/10 ～ 1/3)，再慢慢加入等温等量的新水，换水时间为上午太阳出来之前或下午太阳落山以后。

四是金鱼本身。金鱼身上或多或少都带有一些病原体，应该经常给它们“洗澡”，每隔两三周可将金鱼挪至 2% ～ 3%的盐水或 1%的高锰酸钾溶液中进行药浴，每次时间在 5 分钟左右，在此期间要注意鱼的活动状态。

冬季养鱼怎样更省电

一、安装分时电表。晚上温度更低，加热棒工作时间更长。所以分时间会比较合算。二、布缸时，尽量选用深色的底砂，黑金沙是首选。也可在原有的浅色底砂上薄薄地铺设一层黑砂。这样开灯时加热棒会明显放慢工作频率。三、下降一些水位，如原来 50 厘米水位可下调 10 厘米。下降 20% 应该不会影响美观，但可以起到接近于同等比例的节电效果。四、弃用上过滤改换内循环生物过滤，减少过滤过程中的热量流失。五、非成品缸可在顶部覆盖泡沫塑料，增加保温性能，同时也可在鱼缸背部粘贴发泡材料，起到保温节能的作用。

如何给鱼缸消毒

观赏鱼对水质的要求比较严格，用水要经过选择，自来水必须除氯，禁用雨水。饲养过程中，要勤排污、除粪、换水。在观赏鱼容易发病的季节，或发生过传染性或寄生虫性鱼病，还要给鱼缸消毒。

在观赏鱼容易发病的季节，池塘、容器、用具要经常消毒，并定期进行水体消毒，以杀灭水中或鱼体上的病原体，杜绝传染源。鱼缸、水族箱等可用3% ~ 5%食盐水或10毫克/升高锰酸钾水浸泡1 ~ 2天，也可用20毫克/升漂白粉消毒。

田螺可净化鱼缸污水

田螺最喜欢在肥水里生长，把一些田螺投入金鱼缸内，田螺可把金鱼排出的粪便吃得干干净净，起到清除沉垢的作用。由于田螺排出的粪便也会污染缸内的水，所以应在金鱼缸内造些小假山，再在缸内放一些青草，并经常把一些新鲜水草投入水中。如此，田螺清除了金鱼所排出的粪便，又可使青苔、水草吸收掉田螺排出的污物，并能吸收二氧化碳，释放出氧气，为金鱼的生存提供有利的条件。

给金鱼缸投入多少田螺为宜呢？可视金鱼缸体积的大小灵活掌握，体积比较大的金鱼缸，可投入田螺一百多只；体积比较小的金鱼缸，投入7 ~ 8只就可以了。用田螺净化金鱼缸污水，不要以为从此就不用换水了，也应经常换水，特别是注意经常把已经腐烂的水草捞出来，换上新鲜的水草。

面包虫的繁育

面包虫是一种高蛋白昆虫性饲料，又叫黄粉虫、高蛋白虫，是家养鸟儿的主要肉食料。面包虫的繁育比较简单，首先买来面包虫，用光滑的盆装好，然后放上一些麦麸和干净的菜叶，盆上最好盖上通风透气的纱网，以防夜间壁虎偷吃。将盆放在阴凉的地方，过一段时间，面包虫蜕了几次皮后就会变成白色的蛹，几天后蜕变成黑色的硬壳虫，这个时候就可以繁殖了。此时最好不要翻动盆内的东西，并放一层菜叶让虫子产卵，待看到盆内麦麸有蠕动时，面包虫就已经孵化出来了。

金鱼度夏“六要”

一要“大”：即用较大的鱼缸养鱼，且所养的金鱼应“少而精”，以保证鱼缸中有充足的氧气。

二要“换”：即每隔2~3天需换一次水，以防水的“老化”，及时清除金鱼自身排泄物对鱼缸的污染。因为自来水中有氯气，所以自来水应放置1~2天后才可使用，让氯气充分地释放。

三要“增”：即在鱼缸中增加点“风景”，如放置适量绿藻和石块，既可以点缀鱼缸，又利于营造良好的生态环境。

四要“净”：即每次投放鱼饵时，要清淡干净，以防附在鱼食表面的细菌虫害被带入鱼缸。

五要“防”：即防治鱼病。夏季金鱼容易患白点病、水霉病和鱼虱病。防治以 25 千克一缸水计算，放入 50 克食盐，就能起到防病作用，梅雨季节尤应注意。

六要“凉”：即鱼缸应摆放在阴凉通风处，避免阳光直射，使水温凉爽适宜。

金鱼吃啥食物好

金鱼爱吃的食物中，动物性的有：浮游蚤类(也就是通常说的鱼虫、红虫等)、水蚯蚓(线虫)、孑孓、熟蛋黄、蚯蚓、面包虫等；植物性的有：黄藻、硅藻、绿藻、小浮萍、水草、麸皮等。另外，还有各种各样的干食——红虫干和人工饲料。金鱼不是太挑食，同一种食物吃上一辈子也没问题，只要活着，它就吃得津津有味。

通常认为，喂活食(如红虫、水蚯蚓等)金鱼才长得快。但有经验的养金鱼者却得出相反的结论。活食固然营养丰富，但它们是从天然水体中捕捞来的，携带有大量细菌和寄生虫，不易清洗干净。金鱼长期以此为食，免不了要生病。而为金鱼选择“干食＋面包虫”是不错的选择。干食包括红虫干和人工饲料，营养不比活食差，甚至还更加全面。最重要的是它较干净，可大大降低金鱼生病的概率。喂干食需遵循“少食多餐”原则，这样既有利于金鱼更好地消化，还容易让鱼和主人建立感情。如果你养的是大一些的金鱼，还可以试着喂些面包虫，就算是饭后的甜点吧，这可是活食，而且绝对洁净。

赏玩金鱼雅趣多

金鱼佳品必须兼备体型美、色泽美和运动美，三者缺一不可。从体型上说，应短圆，左右匀称，鳞片整齐无损缺。从色泽上说，单色者应纯净无瑕斑；双色者，色块相间有致；多色者应斑斓不俗；鳞光要醒目，色泽经久不褪。此外，游动时姿态应轻悠舒畅，优美如舞，不能歪扭。常见的良种金鱼有：

鹤顶红　俗称红运当头，属文种，是红头高头中的上品。其身银白，头戴“红冠”，红白交辉，形如丹顶仙鹤。以嘴齐头宽，头顶肉瘤厚实高隆并限于顶部，四方如朱印，背鳍发达，泳时风度翩翩者为珍。

红虎头　又名寿星公，属蛋种。其头、鳃、两颊均被丰厚肉瘤所裹，身短胖、臃肿，游动时慢条斯理，俨然“寿星”。以通体鲜红，脊光滑，尾巴舒展，头大躯小却身体平衡者为上。

此外，还有绒球、朝天龙、五彩、蝶尾、狮头、红球珠鳞、水泡眼等许多品种。

如何辨别金鱼雌雄

体形的差别：雄性金鱼一般体形略长，雌性金鱼身体较短且圆。怀卵期雌鱼较雄鱼腹部膨大。

尾柄的差别：雄鱼比雌鱼略粗壮。

胸鳍的差别：细心观察可发现，雄鱼稍尖长，胸鳍第一根鳍刺较粗硬；雌鱼呈短圆形，胸鳍第一根鳍刺不太硬。

泄殖孔的差别：由肚皮向上看，雄鱼泄殖孔小而狭长，呈凹形；雌鱼泄殖孔大而略圆，向外凸。

色泽的区别：雄鱼一般颜色鲜艳，而雌鱼略淡一些，在繁殖发育期，雄鱼体色更为鲜艳。

手感与动感：用手轻托鱼的腹部，中指和无名指感触到雄鱼腹部有一条明显的硬线，雌鱼则腹部较软。走过鱼缸边时，猛踏脚观察，雄鱼游动速度快而且敏捷，雌鱼动作则慢一些。

选好热带鱼的五大步骤

一、看水色　正常的水色应清澈透明，若水色混浊或带有颜色则表明疏于管理，或店主在其中下药而形成的，这种水族箱内的热带鱼质量不能保证。

二、看形态　各种热带鱼有其特有的形态特征，同时也有一致性：质量好的鱼应鳞片完整，体表无破损，各鳞片能正常张开，无破损，体表无异常斑点。

三、看活动　正常的热带鱼应游动活泼，许多种类会集群而游，领头者通常为上品；用手轻拍水族箱，鱼会迅速逃离。游动路线不规则、离群独游或无应急反应的鱼，表明其生命状态不佳。

四、问价格　相同种类、相同品质的热带鱼应价格适中，过高和过低的标价都应引起购买者注意。

五、看吃食　质量好的热带鱼吃食迅速，若鱼摄食情况不佳则表明鱼患有疾病。

金鱼喂养六大要点

一、挑选健康金鱼　健康的鱼在水体的中下层游动，觅食争食、游姿自然、悠闲，尾鳍清澈透明、飘逸。

二、买回家后不要急于入缸　先将装鱼的塑料袋放入鱼缸10~20分钟后再打开，让缸水分几次倒流入袋中，同袋中原先的水逐步混合，使金鱼逐步适应水温、水质。如有灯光照射，应将灯光关掉。在黑暗中鱼儿比较安静，不易受惊。

三、不能急剧改变水的温度　购鱼时要注意到水族店的水温和你家鱼缸的水温，偏差不宜过大，一般4℃以内是允许的。

四、一次换水不能过多　新水必须先经过一两天的存放。目的是为了去除水中的部分氯气，还可以使新水和旧水的温度接近。

五、投食每天 1~2 次　阴雨天少喂食，晚间不喂食。阴雨天、晚间气压较低，溶入水中的氧也就低，这时喂鱼将可能导致水中严重缺氧而死鱼。

六、饵料要清洁　投放活食要慎重。建议购买由专业公司生产的品牌冷冻新鲜食料，再辅以豆类及蔬菜，以维持全面的营养。

买鸟如何看老幼

鸟产卵最多的时候是在出生之后的第一年到第五年，超过这个年限的鸟在产卵和孵卵上就不太顺利，所以为了养育雏鸟，幼鸟的选择很重要。挑选鸟时要注意以下几个方面：幼鸟的脚是肉色的，而老鸟的脚角质化很明显，表面有裂痕而且很干燥，这种鸟大概属于生长 3~4 年以上的了。幼鸟的眼睛睁得很大，而老鸟的眼球转动迟钝。幼鸟喙部的蜡膜有光泽，而老鸟喙部的蜡膜缺乏光泽。幼鸟的羽毛颜色比较淡，而老鸟的羽毛不整齐。老鸟有肥胖倾向、动作迟缓。

另外，在选择幼鸟时，如果是同种类的小鸟好几只聚在一起，切记不可选择体型较小的，应该挑体型较大、健壮的幼鸟。

巧辨鸟龄

养鸟爱好者都清楚年龄小的鸟容易调教，饲养的时间也能相对长一些。但如何判断观赏鸟的年龄呢?

一般来说，鸟的年龄越小，身体上的羽毛就越显得光亮和鲜艳。年龄增大后，特别是进入老年期后，羽毛就渐渐失去了光泽，而且显得杂乱和粗糙。

新鸟腿、趾上的皮比较细嫩，一般换羽 1~2 次后还没有鱼鳞斑状的皮，以后随着年龄增长，腿上鱼鳞斑状的皮越来越明显，皮质也越来越厚。

年轻的鸟，它们的腿、趾、爪的皮肤都呈褐色，油亮并带有淡红色。随着年龄增长，褐红色会逐步褪去，渐渐变为浅白色。可以肯定的是，腿、趾、爪上的鳞片明显而且很粗糙的，那一定是年龄较大的鸟。

观赏鸟沙浴好处多

沙浴是地栖性鸟类的习性要求。沙浴可增强皮肤健康、增强鸟的消化功能。

百灵鸟生活在北方干燥的草原，栖息环境不同，在日照强的中午最喜欢沙浴，而且最喜细沙土，一天数次。沙子要勤换，沙内最好放入少许硫黄粉，以防鸟虱产生。

笼养时宜在笼内设置沙盘，盘内放置经暴晒或焙炒过的干净细沙。每周换干沙土 2 ～ 3 次。如发现沙质变脏时应及时更换，或将原用的细沙进行过筛、清洗、干燥再用。

怎样训鸟鸣唱

鸣唱的训练最好从幼龄开始,选择幼年的雄性个体进行定时、定环境不间断地训练。训练时间应在每日清晨日出前后，选择无惊扰、无杂乱声音的安静场所和草木、花卉繁茂的环境，这时笼鸟精力最充沛，可使之静听准备要学习的 1~2 种简短鸣唱声音。

鸣唱类鸟的专门训练主要是带教和遛鸟两种方法,相比之下，遛鸟显得更重要一些，但在实施过程中，两者不可偏废，才能相得益彰。

接受训练的鸟宜单笼饲养，训练时用笼衣将鸟笼罩上，放在教唱鸟的笼旁，教唱鸟需认真选择，其本身叫声一定要悠扬婉转、音调有序、有节奏感。如训练芙蓉鸟，可以选用鸣叫好的成鸟，也可以由百灵、大山雀带教。带教要找清静的场所。如两笼并悬，一鸟欢鸣，井然有序，幼鸟则戒去嘈杂，在密罩的笼内洗耳恭听。翻来覆去，功到自然成。

此外，还可利用录音带调教鸟儿学话和鸣唱，这种方法易调动幼鸟学仿的积极性，而且比较省力，效果也比较好。

笼鸟过冬防便秘

冬季，笼鸟极易发生便秘，常会出现羽毛蓬松、呼吸加快、急躁不安，进食和饮水量均大为减少，经常处于排便状态，但不见粪便排出，或低头缩颈，嘴时张时合，站立不稳等症状。这时，需要从以下几个方面进行调理，使其尽快康复。

一、平时应注意喂给适量的脂肪性饲料、青饲料、水果等，并供给充足的饮用水。

二、注意观察有便秘迹象，但粪便尚未干硬时，应立即调整饲料，增喂青饲料和油脂饲料，并添加食物或人工盐溶液，饮用水中亦可稍加蜂蜜。

三、便秘较严重时，可将蓖麻油用滴管滴入泄殖腔内，并同时用手轻轻按摩腹部，促其排便，一次无效，可在休息十分钟后重复进行，直至挤出部分粪便并进入排便状态为止。

鸟也有表情

愉悦：挺胸展翅，高昂着头，鸣叫、追逐，或张翅举脚，快步跳跃，相互戏耍。

哀伤：毛松翼垂，缩头低首，独脚站立，不停哀鸣，或独躲僻静之处，发抖打战，这是笼鸟在幼鸟或配偶死亡或不归时的表现。

饥饿：头、眼动作敏捷，四处张望寻食，并往往飞到主人身边鸣叫，或啄击鸟笼。

吃饭：收缩翼尾，啄理全身羽毛，缩头收颈，似有疲惫之态，或静卧休息，双眼微合。

口渴：嘴巴不停张合，喉部抖动，或伸颈气喘，绕着饮水器转，不思食，四处觅水。

恐惧：突然伸颈，急促地张望，并发出叫声，或展开双翅，随时有飞翔之态。

生病：无精打采，不思饮食，蹲伏暗处，双眼半闭半开，羽毛凌乱，或缩头垂尾松翼，粪便呈绿白色或稀薄状。

调教虎皮鹦鹉

老年人都爱养个狗啊猫啊的，一来找些事儿做，二来也是个忠实的伴儿。虎皮鹦鹉就是老年人比较喜欢的鸟儿之一。如何调教顽皮而又非常聪明的鸟儿呢？

训练虎皮鹦鹉时，主人可手中拿着鸟爱吃的食物，如葵花子、苹果等；当鸟见到这些食物，它就会从鸟架上跳到主人手中吃食，主人可用手轻轻在鸟背上来回抚摩，表示爱抚，这样训练一段时期，当主人的手伸过去，它就会熟练地跳到手上来，继续给予鸟爱吃的食物。训练熟了，它就能无拘束地与你玩。

虎皮鹦鹉是鸟类当中最善于模拟的鸟之一，它会学人说话。学舌的鹦鹉从手玩的雄鸟中挑选，从出壳后两个月开始训练，每天反复教它一句话。特别要注意的是，教鹦鹉学舌时要专人教，不能家里的人全去教，这样会导致鸟儿混淆，什么也学不会。首先，让鹦鹉站在手上，靠近人的嘴，用温柔的声调，教它简单的词汇。其次，当鸟儿学会一句话，奖励它喜欢的饲料，然后再教另一句，但是要记住经常训练，否则会忘掉的。

如果它到了配对的时候，最好给它选择健壮和远亲的 1 ~ 2 岁的青年鸟作为种鸟，另外要注意不要将不同类型的鹦鹉胡乱配种，以致后代“四不像”。群养繁殖时，雌鸟的数量应多于雄鸟的 5%左右，让其自由配对，以免雄鸟为争取配偶而打斗。

帮画眉“整容”要细心

帮画眉“整容”，可使画眉长得更健壮。画眉在笼中生活，其嘴、爪由于活动量减少，特别是栖杠过于陈旧和不耐磨时，嘴锋和趾爪会长得过长。嘴锋过长时会影响啄食甚至会撞断，趾爪过长时会在栖杠上站立不稳，同时还影响鸟的观赏价值。因此，观察到画眉的嘴、爪过长时，应及时修剪。

修剪时可将画眉轻轻抓于手中，使鸟仰卧，用食指和拇指抓住鸟的嘴或爪子，剪去透明部分（不透明部分有血管），然后用指甲锉锉平。栖杠如果使用过久，应更换或重新加工。画眉的羽毛出现折断或蓬乱时，可用剪刀进行修剪。如羽毛的大段已折断，则应将其拔掉。有的画眉脾气较大，有咬尾现象，也可将尾巴连根拔掉。拔尾巴时，应在夜间进行，不要让画眉看到你的手和脸，否则它会很长时间对你感到惊恐。拔羽毛时要一根一根地拔，以免拔痛和伤及皮肉，拔过羽毛后要加强营养，促进新羽毛生长。

三种家庭观赏鸟的饲养

金丝雀　家庭饲养金丝雀可用方形竹笼饲养，鸟笼的大小可根据饲养的数量而定，一般以能自由活动即可。金丝雀的饲料有小米、谷子、黄豆面、玉米面、窝窝头、狗尾粟、切碎的菜叶等。用谷子喂养时，先把谷子用水湿润，隔水蒸熟。在繁殖及换羽期间，可喂些熟鸡蛋，在育雏期间，再加些蛋糕或面包屑。金丝雀一般在每年四五月开始交配繁殖，每窝可生三五枚蛋，大约两个星期可孵出幼鸟，经过四个星期左右，幼鸟就能自行觅食而脱离母鸟。一只身体强壮的母鸟每年可繁殖两三窝。

画眉　画眉性机敏、胆怯，好隐匿，喂养时鸟笼不宜过大。刚买回来的新画眉以画眉笼饲养较好，养熟的老画眉可换养画眉高笼，但都应用黑布做一件笼罩，套在鸟笼外面，以免受惊乱而撞伤。喂养画眉鸟，最好每天清晨把鸟笼挂在树上，掀开笼罩，让它在新鲜空气中尽情啼鸣，否则不易养好。

虎皮鹦鹉　饲养虎皮鹦鹉，最好用铁丝鸟笼，肉眼以鸟不能外逃为宜，不要用竹笼饲养，因为此鸟嘴钩弯曲锐利，以防竹笼被它咬破后外逃。虎皮鹦鹉的饲料较为简单，一对虎皮鹦鹉每天约食 25 克主食，由稻谷和粟子按 1 ： 2 组成。副食可加青菜、菠菜、苹果等。在孵化期和育雏期，每天加喂 5 克蛋拌炒米或油料种子。虎皮鹦鹉繁殖率很高，每年可生两三窝，每窝三五只，孵化期 16 天左右，25 天后，雏鸟即可分窝。繁殖前要做好准备工作，可用碗口粗的一段竹筒，两端仍利用原来的竹节，打通一头，横挂在笼内，在笼内放些碎棉絮、羽毛片等营巢材料，到时候鸟自会衔进竹筒做窝。

怎样识别会咬人的狗

首先，你可轻拉犬的尾巴或耳朵，如果它“呜”的一声，鼻子向上挤出皱纹，背毛直竖，眼睛露出凶光，说明这是一条非常神经质的犬，将来很可能会成为一条凶狠的、会咬人的犬。

还有，可抛出犬最爱吃的食物，如果它立刻飞扑过去吃食物，这是顺从的犬，若它在你面前装得视若无睹，等你一转身，它就将食物衔在角落里大吃，这一定是一条非常狡猾的犬，你可要小心点。

买犬时，如你把手伸进犬屋里，它会高高兴兴地扑过来，舔舔你的指头，若你把它抱起来，它会摇头晃脑并摇摆尾巴，这一定是一条性格温驯的犬，将来长大了也不会咬人。

狗毛巧清除

换毛是狗防暑降温的方式，但散落一地的狗毛却给人们带来不少烦恼。这里介绍几个可以有效清除狗毛的方法：

买一只宠物专用的毛刷

每天 1~2 次用专用毛刷为宠物狗梳理毛发，让脱落的狗毛都集中在刷子上，一次性处理掉，这样狗毛就不会满布在家里。

使用简易除毛工具

市面上有一种粘尘胶滚，用它在床铺、沙发上滚动，就可以将毛发粘在胶滚上。使用后，用清水冲洗干净，干燥后可以继续使用。

用拧不出水的棉布擦家具和沙发，毛就卷在一起了，可以快速清除狗毛。还可以将旧丝袜套在刷子上，刷沙发和地毯，就能将毛发吸附在丝袜上。

如果没有这些工具，将宽胶带有黏性的一面朝外，缠在手掌上，用手在有毛的衣物上按压，毛就被粘在胶带上了。还可以把手浸湿，再用手轻轻从衣服上擦过，衣服上的狗毛就被粘在手上了。

扫地时洒点水

狗毛细软，很容易在空气中飘浮，扫地时不容易聚拢。在扫地之前，先在空气中和地面上喷洒少量的水，或者用干净的抹布擦一下地板就容易清理了。

对于床、地毯或者布沙发一类家具，最好每天用吸尘器吸一遍。尤其是床下、沙发，更要仔细清理。

夏日要给狗除蚤

跳蚤在夏天会变得更加活跃！所以，给狗狗除蚤的工作要赶紧开始了！

一、除蚤洗发精　帮狗洗澡时，将除蚤洗发精适量倒在狗身上加以清洗即可，但是得让洗发精多停留 3~5 分钟，症状较严重的可能需要停留十分钟以上，此种方法虽然可以除去跳蚤，但常会使狗毛发和皮肤受伤，只建议使用在跳蚤寄生较多的狗身上，但最好不要常用。

二、泡药水　除蚤药水大致可分为两类：一类是含有硫黄的药水，这种药水药性较低，所以狗需要浸泡多一点时间，但不建议敏感性肤质的狗使用；另一类是含有有机磷的药水，是利用使跳蚤中毒的方式除蚤，但有时候狗泡一泡也会不小心中毒，使用时须谨慎。

三、狗用喷剂　这是药效最快也最明显的一种方法，药效可达一个月以上，但是喷洒药剂的前后一两天都不可以帮狗洗澡，这样才会有比较大的效果。由于喷剂内含有酒精成分，体质较差或有肝病的狗最好不要使用，以免中毒，酒精会对狗的眼睛和耳膜造成破坏，必须小心使用，使用喷剂时必须控制剂量，不可以喷得太多，以免狗产生不适。

看行动辨狗语

1. 黯然失色地低下头：我有些难受。

2. 快速地摇动尾巴：我很高兴！

3. 紧紧地夹起尾巴：我好害怕。

4. 肚皮向上躺着：你是我的上司，你看我多弱小呀！

5. 全身僵直、背毛竖立并低声咆哮：识相点！别把我逼急了！

6. 打哈欠：我好紧张。

7. 耸起鼻子、露出牙齿，同时发出威胁的咆哮：我已经忍到极限了，别找不痛快。

8. 前身伏下，翘起后身：我们来做游戏吧！

如何抱养小狗

抱养狗回家首先考虑狗本身，它至少要两个月大，而且抱养当天狗的状态非常好，愿意和人接近。

其次才能考虑你自己，因为狗狗刚离开妈妈和兄弟姐妹，所以开始的几天需要主人加倍地呵护和照顾。如果你是一个上班族，最好选择周末去接狗狗，这样就有周六和周日两天来照顾它。小狗对第一个照顾它的人感情最深，这样的安排可以让狗狗认识你，加深它和你的感情。

接狗狗的时间最好是早晨。早上去宠物店，在狗狗没吃早饭时把它抱走。因为狗狗吃饱了，路上再一折腾，非常容易呕吐。

从对新环境的适应性来讲，如果能一下抱养两只小狗是最好的，它们可以互相鼓励，携手相伴长大，而且也不会养成对主人过分依赖的性格。同时养两只小狗的成活率大大高于养一只小狗。

让宠物安然度秋

按时驱虫　大部分幼犬幼猫都有肠道寄生虫，造成食欲不振、消瘦、便秘或腹泻、呕吐，腹围增大。个别可引发小肠套叠或者脱肛。成年犬猫的寄生虫感染一般呈隐形，所以即使没有在粪便中发现虫体，也应该按时驱虫。在温暖的城市，跳蚤等体外寄生虫也同样活跃。主人们可以选购适合的药物来预防和驱除体内外的寄生虫。

少食多餐　秋天，对猫猫狗狗也是个胃口大开的时期。它们的饭量成倍增加，似乎总是吃不饱。如果由着它们的性子一味猛吃，很可能导致消化系统不适应而腹泻。饭量应该逐渐增加，最好以少食多餐的方式，帮它们储备更多能量，并注意随时提供充足清洁的饮水。

警惕发情事故　秋季猫狗会进入发情期，有些会变得性情急躁。因此这期间要严格看管，防止意外。外出遛狗时，主人应为犬束上牢靠的犬链，也可适当延长遛狗时间。空闲时为它们多安排游戏，消耗多余的精力。此外，主人也可以在适当的时候为它们安排绝育手术。

对症清除宠物异味

室内有宠物异味，最简单的方法是保持室内通风，或是安装排气装置，加速室内空气流通。也可点几支蜡烛，保持 20~30 分钟，利用烟雾消除异味。还可用遮盖法，点香熏或是摆放果香比较浓郁的水果，如菠萝、哈密瓜等。一些具有吸附作用的物品也能起到净化空气的作用，比如醋和活性炭等，不妨一试。

导致宠物气味大的原因有很多，只要找准原因，对症即可解决：1. 口臭：要给宠物多刷牙，吃一些咬骨，强健牙齿。2. 耳朵发炎：夏天细菌活跃，给宠物洗完澡后，要将它们的耳朵清理干净，不能有水积留在耳内。3. 肛门腺发炎：宠物的肛门腺气味很重，一般应该每个月挤一次，否则一旦发炎，味道会特别难闻。4. 皮肤病：夏季草地上跳蚤特别多，尽量少让宠物去；洗澡后用吹风机把皮毛完全吹干，不然也容易患皮肤病。5. 宠物生殖道发炎：应该及时去正规宠物医院就诊。

如何带宠物狗坐车

保护好座椅　狗在汽车座位上会兴奋地吐着舌头，口水流到座椅上，再加上它烦躁时不停地抓挠，再结实的座椅也会受损。这时，你可以在座椅上铺几张报纸，或是干脆做一个小椅套，虽然简单，但能有效地保护座椅，爱车又爱狗的你不妨一试。

保证行车安全　在高速行驶的汽车中，人可以系上安全带保护自己，但安全带对于狗就不好使了，一旦急刹车，狗会像炮弹一样撞向车体，非常危险。你可以把狗装进犬箱。犬箱体积小，紧抱住狗的身体，像是工人头上戴的安全帽，在紧急刹车中，犬箱可以保证将对爱犬的损害降到最小。同时，犬箱也可以保证狗不会在行车过程中干扰司机开车。

对付乱刨乱叫　对于爱乱刨的狗，可以用苦味无害的液体喷涂座椅，同时在车里放一个狗喜欢的玩具转移它的注意力；对付爱“唱”两嗓子的狗，除了戴上口笼，还要注意加强平时的服从训练。

谨防购买“星期狗”

“星期狗”指的是从小贩那里买来的不健康小狗。这些狗买的时候活泼可爱，可回家后没几天就呕吐、咳嗽、便血，严重的甚至死亡。据了解，很多小贩通过给狗狗打血清或兴奋剂让狗狗表现得很健康，掩盖了它们可能患有的疾病。识别“星期狗”并不是件简单的事，因为病毒都有潜伏期，买狗的人必须掌握一些简单的方法来判断狗狗是否健康。

身体过瘦　犬只过瘦的原因包括摄食量不足、患有寄生虫病以及内科疾病等。

大便异常　一般下痢的原因是吃得太多，造成消化不良。若大便中常有血，可能有寄生虫。另外，便秘可能是内脏有毛病或有骨折。

尿液异常　正常尿液呈淡黄色，若颜色过深或呈乳白色可能患有肾病。假如无法排尿，可能是尿道闭塞。

眼睛异常　若眼睛充血、表面混浊、惧强光、眼睛肿胀等，可能受外物刺激，也可能患病，如过滤性病毒、受伤、缺乏维生素B、眼睫毛倒生，严重的可能患有角膜炎、慢性结膜炎、肝炎等。

鼻头异常　健康犬只的鼻头是湿润、黑色和有光泽的。若爱犬有过多鼻水，有鼻血、鼻塞或鼻头肿胀、干裂等现象，可能患有感冒、鼻炎。

狗狗乱叫应对有招

1．多运动：充足的运动量可以消耗狗的精力，在玩或跑了一整天后，狗宁可好好睡上一觉，也不愿意再浪费精力吠叫。

2．咬东西：如果有东西可以堵住狗嘴，它们就没有时间乱叫了，越难咬烂的东西越有挑战性。

3．动动脑：如果狗有事干就没空乱叫了，出门前，先用手揉搓它们喜爱的玩具，好让自己的味道留在上头。当看不见主人时，孤单的狗狗便会花更多的时间在玩具上寻找主人的味道，而忘记了吠叫。

4．回应它：有些时候狗不停地吠叫，只是为了将某种信息传达给主人，如果主人适度地回应并表示赞赏，了解任务完成后，狗狗自然就闭嘴。

5．奖励它：如果狗就是不肯闭嘴，主人应立刻用坚定的语气斥责它：“安静！”当狗不再吠叫时，主人不妨给予一些小点心或者赞美以示鼓励。

6．别理它：有的狗和人类一样，失去了听众就提不起劲，如果它们始终喋喋不休，主人不妨转身离开，多数的狗狗都会识相地闭上嘴。

7. 浇灭它的热情：用水枪喷水也可以制止狗狗吠叫，当它叫个不停时，主人应先以口头训诫，如果它仍不听警告的话，不妨用水枪喷水让它冷静点。

怎样阻止狗狗随便扑人

首先，当幼犬要扑过来时，主人应该蹲下，与它的视线保持水平，然后抚摩它一番，有些幼犬如果还是不能安静下来的话，这表明它非常渴望有人陪它玩，那么就花上三五分钟，摸摸它，让它尽兴地玩个够吧！如果它尽兴玩耍后还继续扑人，那就应采取措施让幼犬知道“扑过来不是好玩的”。

采取措施：1. 当狗扑过来时，稍用点力握住它的两只前脚，让它感到疼痛。2. 当狗扑过来时，同时向前迈一步，把它顶倒在地上。3. 当狗扑过来时，悄悄地轻踩它的后脚。这样，就给狗造成扑过来不是件高兴事的印象。

狗狗排便问题咋解决

首先要知道狗狗的大致排泄周期，提前准备。有三个时间是狗狗的排泄期，要特别注意：狗狗早上刚睡醒、吃饭后 30 分钟、喝水后 15 分钟。在这三个时间应该把它抱到你希望它排泄的地方，让它在那里待一会儿。

其次要训练狗狗在报纸上排泄。用一张报纸吸上它的尿，然后把吸了尿的这张报纸放在很多张报纸的最上边，先不要丢掉，等下次看到狗狗在到处闻时，及时抱起它，把它放在报纸上，它会闻已经干了的那张报纸。开始可以把报纸铺得面积大一些，然后再慢慢缩小铺报纸的面积。以后只要发现狗狗要排泄（到处闻），你都要马上抱起它，把它放在报纸上。每天都留一张有它排泄物的报纸放在铺好的报纸上，一般几天后，狗狗就知道要到报纸上排泄了。

小狗急救妙招

车祸：小狗如有明显受伤或是跛脚的迹象，你先给它包扎上，以防伤势加重。在明显流血的地方用冷敷压迫止血，但整体上要保证小狗暖和、舒服，并立刻与兽医联系。不要让小狗独自躺在地上。

眼睛受伤：小狗一只眼睛突然非常疼痛或一直睁不开，你要仔细寻找明显的异物，特别是玻璃碴等，然后，小心地把它们弄走，也可以用干净热水给它清洗眼睛，将异物冲掉。不要把小狗放在过于明亮的环境中。然后，带它去看兽医。如果不能立即就医，可以向它的眼睛里滴几滴医用橄榄油作为急救手段。防止狗用爪子揉受伤的眼睛或用东西蹭眼睛。

脚被碰伤：如果小狗大量流血，要用亚麻布或棉毛制品把它的脚包裹起来，并用绷带绑好。不可以用有弹性的绳索或其他结构的材料包扎。然后，带它去兽医院。

中毒：可能会很急地发病、昏倒或肌肉痉挛。如果你看见狗在吞下一种为人所熟知的有毒物，可以通过给它喉咙里灌入盐水，引它吐出来。如果吞入的东西有腐蚀性，就给它灌牛奶。如果小狗已经失去了知觉，就不要用这些办法了。赶快去找兽医，并随身携带剩下的有毒物品及其包装。

什么狗适合你养

中国农业大学动物医院院长林德贵指出，养狗之前首先要考虑，自己是喜欢安静还是热闹。“如果喜欢安静，最好选择秉性温驯的小型犬。如北京犬、西施、马尔济斯犬、小泊美犬和小金毛。这几类狗很会‘察言观色’。而喜欢热闹的人就适合养烈性犬。雪纳瑞犬、美卡、英卡、斗牛、小杜宾都不错，尤其是腊肠，更是活力四射，应该更符合性格外向的人需要。同时，身强力壮的年轻人也特别适合养这几种狗，这类狗到户外就喜欢跑，年轻人正好和它们一起跑、一起游戏，能够起到强身健体的作用。”

“而对老年人来说，比较适宜养标准或迷你贵妇、拉布拉多犬。”林德贵提醒道，“如果是一些大型犬，它们奔跑起来老人难以控制，很容易因此而摔跤。同样，有孩子的家庭也适合养这类狗。”林德贵说，不过，如果老人孤身一人住在农村或郊区，就要养条真正看家护院的大型犬了，如黑贝、杜宾等。

狗突然呕吐咋处置

如果没有更严重的病征，对狗禁食 24 小时（幼犬禁食 12 小时）之后。可以继续供应水，但是不可太多。小型狗为 50~100 毫升，大型狗为 200 毫升。饮完规定水量，30 分钟后给予同量的水。

假如停止呕吐，则可给予少量易消化的清淡食物，如炒蛋。如果发病时呕吐频繁，在第一次的食物中混合少量白兰地酒（大型狗一茶匙，小型狗酌量减少）。如果进食后不再呕吐，则可将鸡肉、瘦肉煮熟后，连汁拌饭喂食。

应一天喂食三小顿，而不宜一天给予一大顿。第二天，如果一切情况良好，则可喂食较正常的食物，但是仍保持少量。最好再过一两天，才完全恢复到正常饮食。在头四天，应该仅喂食大约 2/3 的量。

宠物尸体最好火化

现在很多动物属于非自然死亡，大部分是病死的。病死的狗，主要死于细小病毒、腺病毒感染和人兽互传寄生虫病；病死的猫，大多死于猫瘟，而且多数猫携带寄生虫，例如绦虫、跳蚤。如果这些宠物被丢弃在街上，对空气、环境和人们健康的危害就不用说了。埋葬，危害同样存在。因为宠物尸体被埋葬后，有些病原体还可以在尸体中存活很长一段时间，而其中的芽孢菌类可以在土壤中存活数年，这对环境造成了巨大威胁。

对于宠物尸体，最好的无害化处理办法就是火化，可以彻底清除宠物身上携带的病菌、病毒和寄生虫。

大龄宠物别总换食物

由于宠物在种类和体型大小上存在差异，因此老龄期也各有不同。一般而言，小型犬和猫在八九岁时开始步入老龄期，而大型犬在 7 岁就可以算大龄犬了。猫一生中有一半时间都是老龄期，而狗的老龄期也几乎占到了它寿命的 40%。

大龄宠物随着年龄的增加，抵抗力会明显下降，从而增加患病的概率。最主要的变化就是代谢能力下降和心脏、肾脏功能开始衰竭，从而导致运动能力下降。因此，作为宠物主人，一定要细心观察并善于发现它们行为的变化，每年还要定期检查它们的血液、尿液。

大龄宠物最常见的疾病就是牙病和内分泌系统疾病。大龄公狗一定要注意检查前列腺、肾脏、心肺等器官；而母狗则应注意检查乳腺、肾脏、胰腺等器官；猫则有可能出现巨结肠、糖尿病等疾病。因此，每年要定期带宠物体检。

此外，专家还强调，一定要特别注意大龄宠物的饮食。应选择蛋白质含量低的猫粮和狗粮，同时不要频繁更换宠物的食物。

纠正小狗的坏习惯

咬东西　很多小狗都喜欢咬家具、鞋子等物品，实际上这是因为小狗感到孤独或不安。遇到这种情况您最好把它们放到一个比较小的区域里(如笼子、纸箱等)，“关押”一段时间，这样可以使小狗感到安全。还可同时播放音乐，或是给小狗一些玩具。如果小狗当着您的面咬东西，应该对它大声说“不行”，同时用手指轻弹狗的鼻尖，以示警告。

翻垃圾　如果小狗翻动垃圾，一定要大声呵斥制止，让它立刻离开垃圾；家里应该使用带盖的垃圾桶，或是把垃圾放在小狗接触不到的地方。

追人或追车　如果小狗追逐路上的行人或车辆，应该先将牵狗的绳子稍稍放长，再用力往回拉，同时大声地呵斥它；要是小狗还继续犯错，就应该让它停下来，用弹鼻尖的方式对它进行惩戒。这样几次之后，小狗就不会再任性地追逐乱跑了。

舔地面的东西　小狗乱舔地面时，首先应该想想它是不是没吃饱，必要时可给其喂食；如果明明吃饱了它还要舔食地上的物品，就应该立刻掰开它的嘴、挖出嘴里的物品，同时敲打它的下巴。这样做可以防止小狗因乱吃东西而发生中毒。

选龟四法

张开口呼吸的龟不要买，它可能已经感染某种疾病了。

流鼻水或有干掉的鼻水痕迹的龟不要买，它可能有呼吸道疾病。

注意龟肉部分是不是饱满，如果乌龟头缩进壳，可能这只龟过分瘦弱。健康的龟拿起来感觉应该沉甸甸的，如果轻飘飘的就千万不要买。

用手轻轻地拉拉龟的四肢,感觉其是否很有力地缩回或挣扎，若反应不强烈，可能身体已太虚弱。

乌龟冬眠三注意

科学设置乌龟冬眠场所

气温降至 13℃以下时，龟便开始进入冬眠，整个越冬期间，头尾四肢均缩入壳内，双目紧闭，不食不动不排泄，直至出蛰才移动位置。乌龟的冬眠温度在 1℃ ~10℃比较适宜，高于 10℃易引起龟的苏醒，从而消耗体力，造成龟的体质下降，于来年的生长繁殖不利。一个冬眠期内多次反复冬眠和苏醒也会引起龟的死亡。低于 0 ℃的温度将会冻伤甚至冻死乌龟。因此人工设置乌龟的冬眠场所时必须考虑可能出现温度变化因素。

保持乌龟冬眠时沙的湿润

真正的冬眠方法是容器内铺湿的厚沙（普通河沙即可）上用报纸揉团覆盖，龟会自己钻进沙里睡的，一星期一次补水，保持沙以及报纸的湿润。不在沙里冬眠的龟，可以放在浅水里，上面罩一层湿棉纱，保持湿润，也起到一定程度保温效果。在沙里冬眠的龟，要保证沙干净、无污染。龟可能会在冬眠期间醒来，所以要保证它醒来后不会爬到你找不到的地方。另外，冬眠期间醒来的龟千万不能喂食。

做好乌龟冬眠前的准备

到了 10 月前后，龟不吃食了，用稍温的水泡泡龟，用温水刺激它排便；清理肠道，把留在体内的粪便排干净，以免长时间停留在肠道里引起肠道疾病；停食的半年里就靠体内积存的脂肪活着，龟过瘦或吃食状态不好，或者过小的龟，越冬就要加温饲养；温度调整到 28℃，龟就会正常吃食，如果不加温，这种状态冬眠，储备的脂肪量过少，很可能因为无法坚持到气温回升而“挂”了。

养猫必备小药箱

碘酒、酒精：猫咪经常上蹿下跳，受伤在所难免。如果是简单的皮外伤，用碘酒和酒精消消毒就可以了。

吐毛球膏：整理自己皮毛时，猫会将大量的毛舔食到胃里，长期下去结成毛团阻碍消化功能，吐毛球膏会让猫咪吐出毛团，效果明显。狗尾草也会令猫咪吐出毛团。

氯霉素眼药水：有些猫鼻腔和泪腺比较短，眼睛每天都会流出一些分泌物，长期下去还容易造成角膜发炎，严重的还会使猫咪失明。

福来恩喷剂、滴剂：经常外出的猫咪体外容易感染寄生虫，如虱子、跳蚤等。使用这种防治体外寄生虫的洗液，猫咪就可以安全出门了。

左旋咪唑、比硅酮：猫咪体内的寄生虫每年至少清除一次。服药时应严格遵照医嘱或说明书上的剂量喂食。

洗耳液：如果猫咪经常抓耳朵，一定是得了耳病，如果不及时治疗会导致内耳道炎及脑膜炎，所以要及时清洗耳螨。

这样“教育”猫

1. 当场批评。当它做了错事时，就该马上大声斥责。当然，猫并不是因为听懂了主人的话而停止行动，而只是因为听到了巨大的声音受了惊吓而停下的。如果反复这么做，猫就会慢慢感到这么做就要被大声呵斥，也就不会做了。

2. 耐心教育。并不是说今天猫犯错误批评它，明天就可以允许，而是应该在任何时候都以同一态度耐心批评。

3. 绝对不可以实行体罚。如果随便打猫，它就会对主人产生恐惧感，进而产生自卑的性格。

4. 当它表现好时，要当场表扬。虽然猫不能明白主人的话，但是它非常清楚斥责的声音和表扬的声音是不同的。

学会给猫刷牙

现在的猫吃的多是罐头之类的柔软且有水分的食物，很容易长牙垢。猫成年后，对于人试图把手指伸进嘴里为其清除牙垢非常讨厌，所以从小让猫咪养成刷牙的习惯。猫咪一断奶就开始训练，拿手指抚摩它的牙。习惯之后，再在手指上缠上纱布为其擦拭牙齿，也可以用专门给猫准备的牙刷。只要每周定期刷牙一次，就能防止牙垢。喂食时喂它一些干硬的食物，饲后饮点水，也可以起到预防的作用。

小猫洗澡　大有学问

首先，给小猫洗澡要准备一些用具，应准备的用具有：洗澡盆、浴巾、浴液(要用对猫的皮肤无刺激性的)、梳子(金属、木质或塑料的都可以，最好准备密齿、稀齿的各一把)、刷子、脱脂棉棒、小镊子、眼药膏、吹风机等。

洗澡水以不淹没小猫为宜，水温在30℃～35℃最好，可以用手试水温，感到温和即可。做好这些准备工作后，把小猫缓缓地放入浴盆，按照头部、后颈、背尾、腹部、四肢的顺序进行搓洗。动作要迅速，尽可能在短时间内完成。换水冲洗干净后，立即用干浴巾把小猫身体上的水擦干。如果是长毛猫，就不适宜用浴巾擦，最好边梳理，边用吹风机吹干。

洗澡时要注意的问题是：当小猫身体不适或有病时不宜洗澡。洗澡的次数不宜过勤，一般每月2～3次，因为猫皮肤上的油脂对皮肤和毛具有一定的保护作用，如果洗澡次数过勤，油脂就会大量丧失，很容易使小猫的毛变脆，皮肤的弹性降低，可能成为皮肤炎症的诱发因素。洗澡前，还应该让小猫进行轻微的活动，使小猫排掉屎和尿。

乌龟不吃食怎么办

第一招：模拟乌龟的野生生活环境。即在缸内放些活鱼、水草、石头等，也许就能大功告成。

第二招：给乌龟吃荤腥味重的食物。如鱼肉、瘦猪肉、螺蛳肉等，将食物捆在一根红线上，手拿另一端，让食物在龟鼻前微微抖动，也许就会让乌龟“口水直流，欲罢不能”。注意不要用金属镊子夹食物喂乌龟，因为这样做可能刺伤乌龟的口腔。

第三招：挑选一只食欲旺盛的乌龟与它“同居”，或做“邻居”，利用动物的模仿能力，说不定这时它也会跟着“狼吞虎咽”地进食。

如这三招还不管用的话，请你一定要仔细观察龟体是否瘦弱，特别是眼睛和背甲是否出现凹陷，如有这种现象，那么多数是乌龟已生病了，应及早治疗。

仓鼠饲养小禁忌

一、不要喂食人吃的食物，盐分过高，调味过重，会增加鼠儿身体负担。

二、不要直接接触太阳，鼠儿们非常怕热，夏天到了，请使用散热片或大理石为它们消暑。

三、不要水洗鼠儿身体。

四、请了解自家鼠儿品种，独居鼠儿或不同品种不要合笼饲养。

五、若无心理准备或是经济能力，请勿将母鼠、公鼠合笼饲养，鼠儿繁殖能力很强。

六、生虫或发霉的饲料请丢弃，不要喂食！

七、不要让鼠儿们饮用生水，请让它们喝煮沸过的冷开水。

八、不要使用竹筷、冰棒棍等东西让鼠儿们磨牙，请使用市面上鼠儿专用的磨牙用品、饲料。

九、不要使用报纸、面纸等做垫材。报纸油墨过多，面纸内含有漂白剂。

十、不要将鼠儿养在过小的空间，空间至少要有滚轮、水瓶、食盆、小窝等用品。

宠物吃醋没跳蚤

美国著名的宠物专家卡洛林提供了一个简单实用的配方：将橙子皮、西柚皮、三瓣蒜、一汤勺的迷迭香（也可不用）以及约500毫升水混合在一起，用榨汁机搅拌均匀，然后用小火加热15分钟。等凉后装进喷壶，就可以直接向宠物身上喷，只要避开眼睛就行。此外，给宠物使用的小枕头、填充玩具、睡垫等，都尽量用草药等天然物品填充，例如雪松、月桂、桉树的叶子，以及薰衣草、苦艾、茴香、薄荷等。

还可以采取食疗方法除跳蚤。例如，将一茶勺的醋混合在大约1000毫升水中，作为宠物的日常饮用水，对于防止跳蚤、扁虱，都非常有效。

精挑细选狗粮

成分表有讲究　狗粮是有口味之分的，目前市场上出售的有“牛肉味”、“鸡肉味”等。专业的宠物食品其成分列表是按重量从大到小递减排列的，因此，在购买时应注意成分表中的各成分配比。如果某种狗粮的包装上写着“鸡肉味”，可包装背后的成分配比中，鸡肉并没有列于第一位，那就证明这款狗粮的鸡肉含量并不高。

肉类成分可鉴定　要区别狗粮的“纯正度”，可做个小试验：准备几个牌子的狗粮，几个盛满水的碗，一台微波炉。接着，将狗粮分别用水泡在碗中并放进微波炉里加热两分钟；加热后，打开微波炉的门，这时可以闻到狗粮散发出的肉香味，嗅觉好的人能辨别出究竟是牛肉香还是鸡肉香。当然，有些狗粮的肉味并不纯正，甚至还有些刺鼻。通过这个小试验，可以准确地为狗狗挑选它们喜欢的食物。

爱犬秋季健康注意

1. 每星期洗澡一次。

2. 防病。秋季疾病很多，如骨肠病、食物中毒、热射病、日射病、蚊虫传病的心丝虫病、湿疹等。要注意检查狗的屁股是否有白色的颗粒，粪便中是否有寄生虫，是否经常腹泻。

3. 随时供应它新鲜的饮水。

4. 多运动。到秋凉时节爱犬食欲旺盛，吃得太多及运动不足，很容易导致肥胖症，要特别注意给予充分的运动。

5. 补充维生素。爱犬换“衣服”时，全身的毛掉得很厉害，除了用梳子及刷子去除被毛，应给予适量的维生素 E，促进新毛生长。

6. 经常为狗做检查。检查狗的口腔是否有口臭、流口水，牙龈是否发炎，有没有脱牙或断牙。检查其眼睛是否充血，是否斜视。

初学养龟要注意

草龟 两栖，杂食，食物可以是面包虫、鱼虾，也可以是水果蔬菜。人工繁殖容易，适应环境能力强，目前市面价格较低，是除了巴西龟外最容易养的龟种。建议大部分没有养龟经验的新手选择草龟学养。买草龟时请尽量挑个大强壮的。值得注意的是，该龟生长缓慢，非常适合养在小型玻璃缸或人工假山池塘里。

巴西龟 目前国内泛滥成灾的龟种，几块钱可以买到五六厘米的小苗，习性和草龟差不多。需要注意的是用玻璃缸或盒子养巴西龟，不要放满水浸泡。水的深度以龟背为准。

黄缘闭壳龟 美丽的外表、互动性良好、杂食，是该龟受欢迎的原因，虽然价格较高，但还算是比较容易饲养的龟种。建议新手养草龟养到一定程度后可以学养黄缘闭壳龟，连龟都没碰过的还是别养为好，任何一只黄缘闭壳龟死掉谁都会很伤心的。

家有淘猫咋管理

猫喜欢在家具上磨爪，尤其喜欢在皮革、绒布和橡胶制品上磨。但猫的爪子对锡纸和双面胶纸表面特别反感，将这些纸贴到猫常去磨的家具表面，同时为猫准备好一块杉木制的“猫抓板”，您的家具就可以免受折磨。

有的猫喜欢攀锅台，上食品柜；有的猫在发情时喜欢到处便溺。对付这些，您可以准备一支威力较强的水枪，在离猫几米远的地方注意观察其行为。不要让猫发现被监视，让其在毫无心理压力地攀上锅台或食品柜时，或正在做随地便溺的准备动作时，突然向其射水，最好能命中头部。猫被射中后会吓得仓皇逃走，2~3 次后，当你把猫抱到其遭水击的地方时，它会用力挣脱逃避，你的后顾之忧就彻底解决了。

你听得懂“猫语”吗

打招呼、撒娇：它会绕着你的脚，不断地用头来磨蹭。

好奇：用后脚站起来，耳朵朝前倾，尾巴垂下，末端轻轻地摇。

生气：全身压低，尾巴卷起来，双耳后压，张嘴，露出尖牙，并且出声。

迷惑、烦恼：身体低低地站着，尾巴垂下，慢慢地摇动。

投降：耳朵垂下，尾巴卷进身子，胡须也下垂，身体缩成一团。

平静无事：耳朵自然向上伸，胡须自然垂下，瞳孔细直。

警觉：眼睛圆睁，耳朵完全朝前，胡须上扬。

警告、威胁：双耳压低了些，眼睛变细，但尚未出声。

攻击：双耳后压，胡须上扬，吼声出现，张牙露齿。

心事重重：耳朵朝前，瞳孔稍大，胡须下垂。

惊喜：瞳孔圆圆的，耳朵竖直，口微开。这是猫在闻到厨房里有香喷喷的鱼、肉时的反应。

狗为什么呕吐

如果是刚吃的食物，还没有完全消化的，那么就有这几种可能：食物过硬、过大或者过多。如果是吃了一会儿且已经消化了的食物，那有这几种可能：食物不卫生，食物不适合狗，食具不卫生，狗的消化系统有毛病，狗体内寄生虫太多，等等。

要细心记住它每次呕吐的时间，如果过于频繁(一般一月内超过两次可视为频繁)，那就肯定有问题，可能是它感染了病菌，比如：细小病菌、犬温热、肠炎等。建议你带它去医院仔细检查，如果有问题要尽早治疗。

狗也有清洁自身毛的习惯，在它们梳洗时会舔食进一些毛，这些毛一部分会排出体外，也有一部分积聚在它们的胃里，而当积累的量多了以后，就会形成狗的呕吐。

如果你给它喂食的时间不固定，而它又比较能吃的话，那么饥饿也会造成狗的呕吐。

寒冬如何给宠物洗澡

洗澡越勤快越好。错　多种短毛品种宠物，如果每天擦拭体表，可以终生不洗澡，而长毛宠物就最好每月洗一次。半岁以内的宠物，由于抵抗力较弱，水洗会影响毛的生长量，每天或隔天喷洒稀释1000倍以上的护发素和婴儿爽身粉就好了，而经常性的梳刷，即可代替水洗。

用杀虫浴液给宠物洗澡，可以防患于未然。错　应该用专用的宠物洗液，或者温和的人用肥皂、婴儿洗发精才好。没有长寄生虫的宠物，其实根本不需要杀虫浴液。有寄生虫的宠物也要在兽医的指导下慎用。

新宠物一到家就要赶快洗澡。错　宠物在没有打疫苗前是不能洗澡的，否则很有可能导致严重的后果。如果很脏的话，可以用热毛巾擦一擦，或用刷子刷一下即可。另外，怀孕期的宠物，在产前一个月到新生宠物满月前都最好不要洗澡。

宠物洗完澡后多晒太阳，有利身体健康。错　不要在空气湿度大或阴雨天时给宠物洗澡。切忌将洗澡后的宠物放在太阳光下晒干。由于洗澡后除去被毛上不少的油脂，降低了宠物的御寒力和皮肤抵抗力，一冷一热容易发生感冒，甚至导致肺炎。

宠物可以用电吹风。对　如果宠物可以适应吹风机的声音，建议你由臀部开始从后向前逆毛吹，风筒不要离宠物的皮肤太近，以免烫伤它们娇嫩的皮肤。千万注意不要让风筒对着宠物的头和耳朵，这会使宠物不安。

与虎皮鹦鹉和谐相处

虎皮鹦鹉的毛色艳丽，性情活泼，但是，它们天生脾气暴躁，只要人一接近它，就会伸出长长的尖嘴来狠狠地啄你。因此，要想与虎皮鹦鹉成为朋友，就得通过一系列的调教，达到与其和谐相处的目的。

一、耐心。在管理上，一定要做到定时清洗鸟笼，随时注意添加食料，还要常洗水缸和换水等。通过耐心的管理，多次设法接近虎皮鹦鹉，就可在它的心目中建立一定的信赖度。

二、细心。每一次接近鸟笼，一定要采取亲昵的方式，比如先和它们说说话，然后打开鸟笼，不要无故去捕捉它们。要让它们形成这样一个概念：你是不会伤害它的。其次，抽点时间在鸟笼旁逗留一番，甚至可以给它们吹吹口哨，唱唱简单明快的儿歌。日子久了，形成条件反射，只要不是半夜三更，你一开口唱歌，它们也会跟着你叽叽喳喳地唱，这种鸟的鸣叫声常常带有一种欢快和喜悦之情。

三、爱心。虎皮鹦鹉饲养久了，会对主人产生感情。平时，可以隔着鸟笼把指头轻轻地伸进去，触摸它们的羽毛。有的虎皮鹦鹉非常喜欢主人的这一亲昵行为，它一高兴，动起情来，轻轻地用嘴啄你，表示友好，而站在旁边的虎皮鹦鹉看见它啄主人的手，就会立刻扑过来，狠狠地啄那只正在啄你手的虎皮鹦鹉，醋劲十足。

教狗定点便便

对于小狗在室内定点便便的训练，可用两周的时间，先让它在笼内，限制它的自由，在笼内喂食狗，然后在一个合理的时间内带狗出去排便，之后又把它关回笼子，并给它玩具和毛毯，直到下一次排便时间到来。

对于幼狗，这个时间不能超过两小时；成年狗，不能超过 4 个小时。笼子应该有足够的空间让狗站立和转身，但不能大到让它能蹲在边上排便。一旦狗的室内训练完成，就可以让笼子打开着，这将是它放松和休息的好地方。

小狗需要经常排便，特别是进食后 15~20 分钟。当它长大点，这个时间可能会变长。小狗排便的迹象出现时（比如轻声哀鸣，或者原地转圈），就赶快把狗抱到户外。当它在外面排便完后，立刻对它的行为夸奖，然后在带它回去前陪它玩一会儿。小狗就会逐渐明白，在户外排便能够赢得夸奖和在户外玩耍的机会。

如果你所住公寓不能方便地带狗到户外排便，那你就需要进行“报纸训练”。训练的方法，可在一个相对封闭的空间里进行。比如厨房或者卫生间，或在你指定地方的地上铺上报纸，当狗在报纸上排便后，换掉脏的报纸。几天后，拿走部分报纸，使地面的一部分裸露。如果狗在裸露的地面排便，要温和地纠正它，然后把它放到报纸上，夸奖它。当它有一点在报纸上排便的概念后，逐渐取走越来越多的报纸，直到最后留下一小块你想让它排便的地方。

读懂仓鼠的身体语言

放松　仓鼠处于放松状态的一个表现是整理自己的皮毛，另一个表现是耳朵向下。相反，当仓鼠警觉时，耳朵一般都是竖得高高的，对周遭环境的微弱声音非常敏感。

警觉　警觉状态中的仓鼠除了竖起耳朵以外，走路的时候是压低身体的（一般它们到了陌生的地方也是这个样子），鼻子不停地动，似乎在侦察周围环境，当有什么风吹草动就会全速前进。

压力　有时仓鼠会环回地走动，这是有压力、精神紧张的表现。此外，有些仓鼠会激烈地跑转轮去宣泄它们的压力和不满。因此，不要小看仓鼠的这些动作，它们在告诉你它心中很不舒服呢。

生气　当饲主突然伸手入笼，或者在仓鼠吃东西、睡觉时不断骚扰它们，又或者是笼中的同伴威胁到它们了，它们就会反身大叫，告诉你，它生气了。而当仓鼠突然间被放进陌生笼子或者不熟悉的环境中时，通常也会生气、反抗，它们的做法是：站起来，两个前肢向上抓。

沉闷　咬笼子通常是仓鼠沉闷的表现，它会以此动作表示它想出来玩了。当然，也有可能是肚子饿了，向主人要小食，或者仅仅是没地方磨牙，就乱啃乱咬。

让仓鼠自愿爬上你的手

想让仓鼠自愿爬上你的手，可以把仓鼠平时喜欢吃的饲料，例如葵花子之类放在手中给仓鼠闻，让仓鼠在熟悉味道之后爬上你的手心来拿食物。这时你可以试着轻摸仓鼠的头，等它们习惯以后再摸它们的身体。

值得提醒的是仓鼠吃食物的时候不要去抚摩它们，这样它们容易生气，甚至会咬你。训练时间最好安排在晚上，白天仓鼠没有晚上活跃好动，所以不要去打扰它们。

金鱼、锦鲤鱼喂什么好

金鱼、锦鲤鱼属于杂食性鱼类，但若能喂以动物性天然饲料则最好。这种饲料营养丰富，容易消化。大多数观赏鱼喜欢的天然食物很多。如水蚤，俗称鱼虫。水蚤主要生活于小水坑、池塘、湖泊等静水或稍稍流动的水中。用红色水蚤投喂观赏鱼，可使鱼的颜色更加鲜艳并有光泽。

水蚯蚓俗称红丝虫，也是观赏鱼喜欢吃的食物。水蚯蚓通常群集于水坑、稻田、池塘、湖泊水体的底层污泥中。水蚯蚓一半身体露于水体中，另一半钻入污泥中，稍一受惊，即缩入污泥，故捞取时要把污泥一并捞起，然后用水反复清洗，并将其在清水中静养，待体中污泥排出后才能喂养。否则，水质会变坏。

鸡蛋与鸭蛋的蛋黄是金鱼鱼苗不可缺少的食物。鱼苗刚孵化出来，不能吞食较大的食物，只能吞食微小食物，通常最简便也最常用的是投喂蛋黄。具体做法是：将蛋煮熟剥出蛋黄，将蛋黄包在细纱布内，放在鱼缸或鱼池的水表层淘洗，蛋黄颗粒均匀分散在水中，鱼苗即可吞食。

新买的金鱼别放进鱼缸

刚买来的金鱼一般都放在塑料袋里，经过一路的颠簸，如果连水带鱼一起立即倒进鱼缸里，因水温不同、环境突变，鱼容易发生不适甚至死亡，况且塑料袋内的水还可能带有病菌。因此，新买回的金鱼和袋中的水应先暂时倒进空盆里放置 30 分钟，然后将鱼缸中的水逐渐少量地加入盆内，三四天后再放进鱼缸。

养宠物当心耳螨

耳螨以口器穿刺皮肤采食，使耳道表皮造成机械性损伤，采食时分泌有毒物质，使表皮的神经末梢造成化学性刺激，动物表现耳部奇痒。当有细菌继发感染时，可引起化脓性外耳炎及中耳炎，重者可继发脑炎。当宠物出现经常搔耳和摇头症状的同时，耳道内有异味（酸臭味），这时要警惕。耳道如有多个红色疹状小结，这是由耳螨唾液引起的刺激使外耳道红肿和发炎。耳朵内汇聚由外耳道皮脂腺分泌的蜡样物质，颜色和样子就像磨碎的咖啡豆。

使用宠物专用的洗耳水彻底清洁耳道，然后滴入治疗用耳药水，在耳外侧揉几下，使药均匀分布在耳内，一日 2 ~ 3 次。清洁耳道时，务必使用止血钳和医用脱脂棉制作棉花棒。

耳螨是一种较顽固的疾病，需要连续用药多日（建议 20 天以上），直至痊愈。

收藏爱好

艺术品收藏需防六大陷阱

警惕“假书”　为了给赝品安上一个“假身份”，一些造假、贩假者常常通过非正规渠道编印非法出版物，将赝品与真品混杂在一起，博取收藏投资者的信任，然后高价售出，牟取暴利。

少听“故事”　艺术品收藏讲究流传有序。为了达到这一目的，一些人在推荐藏品时往往会讲述甚至编造一些奇妙的故事。这些“故事”仅可供参考，而不能作为购买艺术品的依据。

谨慎对待鉴定结论　眼下的艺术品市场上，一些艺术家、艺术家亲属或其他相关联人会出于某种目的，将假作真或真作假。对于此类艺术品鉴定，投资者切勿轻信盲从。

警惕“天价鉴定”　部分文化机构利用藏家“藏有所值”的心态，安排所谓“鉴定专家”为其鉴定藏品，随后报出诱人的参考价格引诱藏家签订委托拍卖的合同，以骗取服务费。事实上，拍卖公司主持的文物艺术品拍卖虽然也有鉴定环节，但一般而言，其鉴定的目的仅仅是为了确定标的是否能达到拍卖要求。

警惕拍卖会前滥收服务费用　一些运作不规范的拍卖公司，在艺术品拍卖前会向委托人收取鉴定费、评估费、宣传费、图录费、保管费等诸多费用。事实上，按照国内拍卖行业的惯例，拍卖公司只在拍卖后向委托人收取一定比例的费用，大多数公司则承诺未成交不收费。

警惕非法拍卖会　通过拍卖方式买卖艺术品时，委托人或竞买人应选择具有拍卖资质的拍卖企业，若为文物则应当选择具备文物拍卖资质的企业，依法保护自身的合法权益。

收藏早期金融卡

金融卡最早起源于美国。1952年，美国加州的富兰克林国民银行发行了全球第一张银行信用卡。1985年6月，中国银行珠海分行发行了中国第一张金融卡——中银卡。不久，工行的牡丹卡、建行的万事达卡、农行的金穗卡、交行的太平洋卡等相继推出。

金融卡卡类、品种、题材众多，卡上的图案丰富多彩，比如城市风光、校园、汽车、卡通画等。金融卡收藏升温还与银行对金融卡的管理措施有关。一般情况下，如果银行要更换金融卡版本，会把以前的报废卡收回，而这些早期废卡则受到了一些独具慧眼的磁卡收藏者的青睐。

收藏金融卡主要有三种渠道：自己申请、向亲朋好友索取、通过邮币卡市场或网络购买。金融卡上一般都有卡码、原始发行日期等信息，这是收藏、研究金融卡的最原始资料。

决定金融卡价值高低的因素主要有发行时间、发行量、存世量、题材和品相等。金融卡中最珍贵的品种当数中行珠海分行发行的中银卡，目前市场价已高达5000多元。

金融卡的收藏对品相要求相当高，一张品相好的金融卡应该是无折叠、无揉损、无剪角，卡面干净整洁，无划痕或者划痕很轻微；卡的四边无磨损、掉色等现象。收藏者在获得早期旧卡后，可先用棉布蘸温水将卡轻轻擦拭干净，然后用塑料保护袋装好。装在集卡册内的金融卡，避免直接接触磁场强的家电等用品。

收藏酒瓶三大观念

专题收藏为重　酒类品种繁杂，从材质到题材皆不一样，不要贪多，更不宜贪全，收藏之初必须确定一个专题。诸如历史人物酒瓶、风景名胜酒瓶等。

精品意识为要　所谓精品是指造型别致、文化内涵丰富、存世量少、纪念意义大……此类酒瓶收藏难度大，成本较高，升值空间较大。

防止“伪瓶”为慎　为迎合收藏者，一些厂家专门生产出不装酒，仅供收藏的伪瓶，收藏意义不大、价值低。

此外，瓷酒瓶工艺复杂，收藏价值高，玻璃酒瓶收藏价值远不如瓷瓶。

收藏古纸币四要点

目前，古纸币市场真假难辨，有很多藏友不能有效把握古纸币的鉴定要点。其实，自宋朝发行纸币开始，制造假币的行为就已出现。南宋查获的一起伪钞案中，一次性起获假币 30 万元，参与造假者 53 人，犯罪人分工明确、各司其职，明显呈规模化、团伙化倾向。面对如此嚣张的伪钞犯罪活动，历代采取了形式多样的防伪措施，而这些措施正是广大藏友鉴定真假的有效法宝。

纸质的特殊性　纸币最早出现在四川，当地官员在与制造伪钞活动做斗争的过程中积累了不少经验，他们认为只要在制造印钞纸上多下功夫，选择一般人难以伪造的特制纸，便可有效地仿伪。为此，他们制作了光亮洁白、经久耐用的精品纸，专门用于印钞。

图案的复杂性　宋元时代的纸币图案以房屋、花鸟、人物居多，清代宝钞以龙的图案居多，外做花纹边栏，因图形复杂，作假者不易模仿。

文字的多样性　古代纸币的一个明显特点是上面印有大量文字，且均出自帝王或当时书法家之手，还有的印有刑律。印制的文字一多，则难以造假。

印押的有续性　古代的纸币特别是最早由私人发行的交子，在印制和使用当中必须经官方认可，即官方将收到的钱数记在交子上，经签押后，方可做现钱使用。流通时，朝廷发给各省留一印记，各省发给各府留一印记，各府发给各县留一印记，各县发给钱庄留一印记，最后钱庄发给民间再留一印记，这样做在当时就是一种有效的防伪印记措施。

木偶收藏贵在精

木偶，古代叫傀儡，历史悠久、品种繁多。唐代时木偶的制作已经非常讲究，遗留下来的木偶作品最多，做工最精。木偶戏到元、明、清时较为流行。现在木偶戏日渐衰落，但木偶的收藏却受到人们的青睐，且价格不菲，特别是一些早期的木偶，已达数万元。收藏木偶时，要注意辨别真伪。

传统的木偶其头手脚采用樟木。樟木含香味，其本质不易变形，磨起来较为光亮，适合雕刻人员精雕细刻，而且可防蛀，保留的时间特别长。

现代木偶由于手、脚、头采用树脂、陶瓷、聚酯纤维等替代樟木，制作工艺也较简单，价格上比表演用的木偶便宜许多。传统木偶的制作，不似现代化流水作业生产出来的玩偶，纯粹是手工活，故其制作过程可是费时费神的，不单木偶头的制作费功夫，还包括了木偶布内套、木偶服饰、盔帽、手脚、兵器、表演所需的道具等多项制作，而这些都是由不同的师傅分别制作，然后搭配组合成为完整的一尊木偶。

工艺精美的木偶集收藏、欣赏、投资于一身，不仅仅是一种生活品位的象征，而且作为一种活的文化，是人类文明的碎片和见证。收藏木偶，不仅要看刀刻的规律，而且要看用刀的层次和色彩以及用料。

此外，精品木偶还吸取中国京剧脸谱和服饰的优点，使精品木偶达到了完美的工艺境界。可以说精品木偶是中国脸谱和戏剧服饰的缩影，是具有中国民间工艺特色的艺术瑰宝，也是极具有投资和收藏的价值。

景泰蓝收藏“一认二重三细”

一、认清年代。明代宣德年间是我国景泰蓝工艺大放异彩的时期，景泰年间更是达到辉煌阶段。明代以前的珍品已不可求，明清的遗物就足够珍贵了。考察景泰蓝的年代，可从珐琅釉上观察，明代的珐琅质厚、色透，砂眼凹坑大且多；清初期的珐琅也有砂眼，但比明代有显著改进，珐琅质厚但不透；至清末、民国，珐琅稀薄，但砂眼几乎消失。从火镀鎏金的色彩上也可辨别，明代器金厚，色泛红；清初器金薄，色泛黄；清末金色泛白；近现代采用电镀工艺，金更薄。

二、重造型。在器形的选择上应以人物、动物为首；其次是炉、瓶；再次是碗、碟、杯等。

三、细辨真伪。20 世纪 60 年代开始，景泰蓝出现仿制品，主要仿造清代乾隆以后的器物。景泰蓝使用的主要颜料为珐琅色料，伪造者为降低成本，往往用其他色料代替。

宝玉石名称“猫腻儿”多

翡翠、软玉、珍珠、水晶等宝玉石颇受消费者喜爱，但上海公布的一项抽查结果显示，近四成宝玉石的名称存在“猫腻儿”。

据分析，宝玉石名称中“猫腻儿”主要有4类：其一，含糊统称，如将翡翠、黄晶、橄榄石等统称为“玉”或“玉石”，却不标明产品的实际材质；其二，擅用“行话”，如将绿幽灵、太阳石等商业名称或“行话”用于产品标志，让消费者难以辨别；其三，故意缺漏，如18K金镶嵌戒指，不标明所镶嵌宝石的名称，而不同宝玉石的价格差异悬殊；其四，以产地命名。根据我国相关标准规定，除“和田玉”外，一般珠宝饰品不能以产地命名，但目前市场上所谓的“南洋珍珠”、“大溪地黑珍珠”等屡见不鲜。

六种布票值得收藏

近年来，布票收藏逐渐升温，备受藏家青睐。目前还没有藏家完全收集齐全，所以选择一些有潜力的品种或板块，往往能够达到事半功倍的效果。以下推荐6种布票：

一是首发布票，即新中国成立后，各地最早发行的布票；

二是语录布票，印有“最高指示”、毛主席语录、政治口号等;

三是军用布票；

四是侨汇布票系有价票证；

五是奇异布票，如山东省发行的1961. 9至1962.8布票2尺8、3尺、3尺3和临时调剂布票3尺、5尺，票面由正券和副券组成，酷似邮票小型张；

六是特种布票，如犯人用布票、新疆的支边、自流布票。

三类水晶值得收藏

从收藏投资角度来看，年代久远的古董水晶藏品收藏价值最高，但古董水晶一般很难觅得，且辨别起来有难度，故收藏风险较大，但对普通收藏者来讲，三类天然水晶才最具有收藏投资价值。

一类是天然水晶球。最常见的白体水晶直径在6厘米左右，净度高，裂隙少，升值潜力较大。目前这种水晶价格基本上能达到数万元。

二是有“象形物”的裂隙水晶。如果水晶里的裂隙，透过光来看，由于光线的折射、染色等，会在水晶里形成某种图案，即看上去像什么东西，如钛晶、发晶就属此类。这类水晶制品价格可达到数千元，甚至更高。

三是里面有包裹体的天然水晶。该类水晶的晶体没有杂质，但会有一些包裹体，在视觉上呈现出蕴含意境的图案，像绿幽灵晶就属于此类。

收藏投资水晶除了尽量购买以上三类水晶制品外，雕刻工艺也是决定水晶收藏价值的主要因素。

如果一件水晶制品造型独特、色彩漂亮，又是经过名家精雕细琢，那么艺术、观赏和收藏价值也就相当高。

小心赝品信札

目前，名人墨迹的收藏非常热，尤其是近现代比较活跃的名人信札广受追捧。收藏信札除了要讲究品相以及是否保存完整、信札的纸质材料等，还需要注意以下几个方面：

首先，写信的人很重要，“书者的名气是收藏信札的首选”。对于有兴趣的普通收藏爱好者来说，首先从身边熟悉的人物信札原迹入手，如本地名人、艺术家、学者等在某方面取得一定影响的人物；其次，关注内容，一般来说，重大历史事件或学术探讨等内容比单纯的家书有价值；三是对信札的书写者，或对写信者与收信者之间的关系进行研究，也能增加信札的内涵，提升其市场价值。

另外，市场上出现了很多信札赝品，藏家出手时应特别谨慎。目前市场上的赝品多是对名人字迹进行仿造，有的是有母本的克隆，也有的是无母本的仿制。常言道“字如其人”，要辨识信札的真伪，就要深入了解署名者平时的书写手迹及其为人。收藏爱好者在选择信札时，要看内容，更要看附件，还要关注系列拍品，以求相互印证，综合分析。

信札的来源是鉴别真伪的重要因素。信札一般不钤印章，较少有名人题跋，也有不少信札落款不署全名，辨认有难度。如果是收藏大家的藏品，或者出自作者与出版社相互往来的信函并附有签发单，或是文化机构处理的文牍，或出自文化名人晚辈之手，则来源较可靠，可信度较高。

收藏界暗语行话一览

行货：一般指“大路货儿”，也指艺术家或工匠为应付市场而批量生产的不精美的艺术品。

拿分：指古玩商人收购的古玩商品，能获得较高的利润。也叫“快货儿”。

输：指亏本。

臭：指本来是“香饽饽”的东西，却放陈了，或者日久卖不出去。

活拿：一名古玩商人从另一古玩商人手里拿走一件商品，当时不付款，这叫“活拿”。规矩是价位讲好了，只能多卖钱，不能少卖，即必须保底。活拿的人可以在低价上加价，叫“戴帽儿”，多卖归活拿的人，原货主不问。

提：古玩商人对帮助自己卖货的人提出一成（10%）作为酬劳金，叫“提一点”。

行里人：从事古玩生意的同行人员。

跑道儿：购买或出售古玩的中间人。

打眼：指判断有误，买了假货。

皮壳：指古玩在历史长河中因受熏染而呈现在外表上的痕迹。竹、木、漆、雕、青铜作品上，好像包上了一层油皮，这种油皮就叫“皮壳儿”。

漏儿：古玩商人购买古玩时，卖主不懂，好东西未被重视，行市也不明，因而古玩商人拣了便宜。买东西的人是“捡漏儿”，卖东西的人是“卖漏了”。

保存邮票四要点

1. 集邮册只能站立放置。邮票也需要空气，否则会褪色发黄。只有当集邮册站立放置时，空气才会进入插页之中。集邮册最久每三个月需要逐页翻动一次。

2. 不能直接暴晒集邮册。对邮票来说，要做到防尘、防潮、防热、防压、防霉、防污、防虫，缺一不可。应该使邮票经常处于清洁、通风、干燥的环境之中，但决不能把集邮册拿到阳光下直接暴晒。

3. 新邮册最好先空置半年。选购插票册以格子宽大的为上，如果插一半露一半，时间长了，可能会使邮票出现压痕和部分褪色，影响品相。一般买回的新邮册，最好先空置半年，彻底干燥后再使用。要选购正规厂家生产的透明护邮袋，避免劣质产品粘连和污损邮票。

4. 忌直接用手接触邮票。不论是整理还是欣赏邮票，都要把手洗干净，养成使用镊子的习惯。

旧银器的收藏潜力

以银制器，始于战国。旧银器一般可分为银器物和银饰物两大类。器物类还可细分为饮食器、盥洗器、陈设观赏品、宗教祭祀器等；饰物可细分为发饰、颈饰、耳饰、手臂饰、胸坠饰等。

目前清末时期一对做工考究的银手镯价格在500元左右，而民国时期的银质长命锁价格在200~400元之间，清代中期的普通银簪价格在300~600元之间，价格较高的清末薰炉、挂屏等器物也就在2000~5000元之间，清末银腰牌市价在500~1000元不等。随着集藏界逐步重视旧银器的收藏价值，可以肯定地说，旧银器后市升值空间还很大。

购藏旧银器不仅要弄清行情，还得审视其年代和工艺。年代越久，工艺越精，价位越高，增值空间越大。另外，还得注重完整，并善于辨别新旧。旧银器年深日久，大都氧化，表面呈银黑色，做工深沉古朴；新品银光闪亮，无氧化层，工艺浅薄浮躁。

“四字”诀收藏地铁卡

近年来，地铁卡走俏收藏市场。掌握地铁卡收藏“四字诀”，就能立于不败之地。

早：发行时间早。上海地铁磁卡最早出现在 1994 年，那时只有款式单一的普通卡，2 元钱一枚，因关注的人并不多，大部分都散失了。地铁公司早期还发过一些企业产品的广告卡和电影海报卡，由于画面比较漂亮，当时一枚面值仅 2 元的卡，现已升至 150~200 元不等。

稀：存世量稀少。物以稀为贵，发行量少的卡，往往意味着市场价格高。这其实是市场供求关系出现失衡的结果。一般发行量五千枚以内的卡在藏市里卖价都较高。

优：质优易受宠。优秀的纪念卡一般都具有题材上佳、设计新颖、制作精美等特点。比如古典文学系列、《红楼梦——金陵十二钗》；珍稀动物系列《熊猫》、《梅花鹿》；花卉系列《玫瑰》、《杜鹃》等，这类优质卡易受到青睐，涨幅相应也高。

单：单枚升值快。单枚成套的卡保存、携带和交易都很方便，且单枚卡相对售价也较低，故比多枚套的卡升值快得多。如：《碟中谍》电影广告卡、《太太口服液》赠送卡、《三毛》儿童题材卡等，现价格已比发行时上涨了很多倍。

切忌购买“减价壶”

我国著名茶壶收藏专家张学明提醒消费者，在购买紫砂壶时最好有行家相伴，切忌贪图便宜随便购买二三十元一把的“地摊壶”或“减价壶”。

据专家介绍，真正的紫砂壶是由紫砂泥炼成，炼制的过程和掺杂的原料都非常讲究，烧成的砂壶可塑性强、透气性好，能经受冷热剧变，不会轻易爆裂损坏，甚至作为烧茶器皿在火上高温加热也不会炸裂。而且真正紫砂壶里外均不上釉，用作茶具不会对身体产生不良影响。久用的紫砂壶，壶体本身会变得颜色温润，甚至会挥发出茶的自然香气。

购买紫砂壶最主要是看泥色。紫砂壶独特之处在于其制作原材料紫砂泥的优越性，评断一把紫砂壶的优劣，首先在于其用泥的品质。好的紫砂泥应具有“色不艳、质不腻”的显著特性。紫砂泥主要有紫泥、绿泥和红泥 3 种。由于泥料的配比不同，还可以得到朱砂紫、栗色、海棠红等，故而紫砂泥也称“五色土”。

四类算盘收藏潜力大

目前，市场上的算盘种类很多，但并不是每把算盘都具有收藏价值。天津市民间收藏协会会长赵文波指出，四类算盘值得收藏：

一是年代久远的算盘。如横梁上面开了木榫、圆角，并配有抽屉底板的明代算盘；清朝算盘，一般多为红木材质，横梁上的铁质的挂壁提梁也是那个时期的明显特征；还有民国时期的算盘等。

二是特殊材质的算盘。按算珠和边框材料，算盘可分为金、银、铜、铁、锡、瓷、玉、竹、木、象牙、水晶、大理石等；按算档材料可分为不锈钢、藤、牛筋、铁、红木、银、铜、铝、红珊瑚等。算盘的材质越好价值越高。算盘串珠用的“档子”也有高低之分，比较珍贵的算盘配有牛筋档。

三是偶数档算盘。

四是异形算盘。如圆形、扇形、拱形、筒形、八卦、九宫、阶梯、双珠、箱形、圆柱形、宝塔形、折叠式等造型奇特的算盘。其制作工艺细腻精巧、用材考究、清秀雅致，皆为算盘之珍品，备受藏家追捧。

正确清洗和田玉

玉器的日常清洁中，如果没有明显的污垢，可以按三月一次的频率清洁一次。清洁的办法比较简单，将玉器置放于清水中，用软布或软毛刷，轻轻拍打摩擦玉表面。

需要注意的是，用来清洁的物品质地不能太硬，清洁的力度也不要太大，避免过硬或力量过大损伤玉面。如果玉器受到的污染比较严重，一般的手段不能清洁，则可以在清水中加入适量的中性清洁剂，再用极其柔软的细毛刷仔细清洗。注意要用中性的清洁剂，因为酸性或碱性的溶剂都可能会腐蚀玉质。

另外，对于和田玉饰品的清洁，还有一种科学仪器：超声清洁器。这种方法是用水，运用超声波震动清洗，许多玉器店都有配备这类仪器。它的不足之处在于，清洗时间过长会使玉石的细小绺裂放大，严重时会使玉石裂开，因而在利用超声清洁器清洗玉器时一般清洗不要超过一分钟就可以了。

扇画收藏六知

名家入手　成扇书画的收藏，首先是看扇画家的名头，还要考量书画本身的质量，审视作品的工艺和艺术价值。从画家来讲，明清、近现代书画名家的扇面作品可以入手，名家名作最具收藏潜力；二流名家的扇面则选择精品入手；对于小名家的作品，可选择特殊的题材进行收藏。成扇书画收藏一定要注意作品品相，尤其是明清甚至历时更久远的作品。

新不如旧　从价格上说，在收藏界有成扇书画收藏“新不如旧”的现象。这主要是许多买家在古代书画的真伪辨别上存在难度，当代书画家的作品比古代名家作品还贵，这是一种怪象。健在的许多书画家，不懂扇画创作，更缺乏对传统扇画知识的了解，其作品无复明清、民国时期扇画的格调和品质。与古代、近现代扇画收藏相比，以往作为文人骚客或者达官显贵身份象征的成扇艺术正在迅速衰落。因此，不建议新入行的藏家，把主要精力和财力放到当代名家的扇画上。

物以人贵　与收藏书画相似，收藏扇画不仅要看年代、名头、品相，重要的还在于留意作品曾经的收藏家和传承。流传有序、有著录的扇画尤其受到关注。

主题收藏　对于主题扇的收藏，藏家尤其要对收藏门类进行细致深入的研究，包括书画家、收藏家地位的高低、对后世的影响等。例如，民国时期，中国女子书画会成员吴青霞、顾青瑶、周炼霞就经常合作扇面，喜爱女书画家这个主题的收藏家，不妨按照这一思路去搜集民国名媛的书画扇。

明辨真伪　在各种作伪手段中，有的是对真迹改头换面，有的是旧扇骨新扇画，有的是在已有的字扇背面添加名家绘画，所以，对于藏扇者而言，要多学习，勤研究。

玩扇讲究　赏玩成扇讲究很多，比如拿扇，手要洗净；打开或收拢折扇时易于损伤扇面，应该握住扇子下部轻轻捻开，而不是手捏扇纸部分掰开或者拿着折扇猛力开合；扇子打开后，不要用手随意指点、掰捏，这样不仅会磨损扇面，还会将手上油渍、汗液留在扇面上，使扇子的美观和品相大打折扣。另外，扇子打开后，如要与同观者交谈，也应掩住口鼻，不要将唾液喷溅在扇面上。成扇比一般字画更重成品相，不要轻易揭裱扇面或更换扇骨。

大众收藏要对路

大众收藏又称民间收藏。大众收藏投入的资金少，藏品价位低，但也具有文化含量和收藏价值。有的甚至也有不错的投资收益。如邮票投入少，但二三十年后来看回报也很丰厚。有的纪念币、金银币，增值也不少。大众收藏也有专业性和文化成绩，如有的人收算盘，有的人收各类钢笔，有的人收报刊的创刊号、名家的签名簿，日积月累，陶冶了性情，提升了素养，也积累了有文物价值的史料。有的人由大众收藏积累了经验，后来也具备条件转向专业收藏。大众收藏应该注意以下五方面的问题：

1. 多注重文化价值和自娱自乐。这样既能使自己生活充满乐趣，又有文化的提升，就是成功的收藏。

2. 要量力而行。工薪阶层面对已升值的各类藏品、物件，都是一种负担。所以要留有余地。不要把家庭正常的生活开支投入其中。

3. 要去伪存真和选优。现在很多物品一旦有了价值都有人造假。比如印刷品中的旧年画、连环画，也有人去仿印。所以既要小心谨慎，更要学习提高鉴别能力。大众收藏品数量很大，也要选优，稍不注意，家里就没处堆放了。

4. 因地制宜，就地取材。尽可能选择便捷的收藏方式，否则会大大增加成本。

5. 要开拓新门类。比如藏书，大众收藏不起珍稀古版本，但在西方兴起收藏著名设计师限量制作的手工书，有的只发行50本，也很有意思。

老百姓怎样收藏国画

国画是我国的国粹，也是我国老百姓喜欢的收藏品种，收藏历史可追溯至唐宋时期。其实国画收藏门槛并不高，去书画市场20~30元可以买一件画心，但是要真正用来投资收藏，还是要讲究一些窍门。

一、买画不可头脑发热。买画投资回报周期长，并非3~5年就能立竿见影，有的人一辈子也不能出名。所以只能用一些余钱来投资。切记不可把全部家当押在买画上。

二、买画要在低价画中捡宝。画价相差很大，高者达十几万，但最低成交价 50 元还是有的。低价捡宝有好处，即使不升值，也可以用来挂在家中或者当礼品送人，并不浪费。

三、买画要看画家成长空间。在同等价位上优先考虑国家一级画师、国家高级美术师或者享受国务院津贴的画家，其次考虑年长者，画龄较长，更容易创作出佳作。当然也不是全盘否定青年画家，虽然青年画家出价都相当高，但也还是有性价比适合的佳作。

四、买画不要局限题材。买画不同买股票，没有题材画可炒作。优秀的画家题材选择很广泛，大白菜、虾、鱼与小鸟，什么都有。当然国画离不开花鸟、山水与人物。也有一些意象的画作，但这些新锐的作品相当少见。每位画家都有擅长的品种，比如有的虾画得好，有的马画得好。

五、普通买家买画不要考虑名作。比如齐白石等名家的作品，基本上买不起，没有必要去买，只要我们细心观察，就能发现非名家作品也有值得收藏之处。

六、买画可选名家替代品。比如买不起齐白石的画，就买他徒弟的画，买不起徒弟的就买徒孙的画。还有启功、吴冠中等的传人，都可密切关注，找到适合的画，价格适中，即可出手。

普洱茶收藏三大误区

一、并非年代越久远越好。只有质量合格的产品，在合适的仓储条件下，在一定的时间范围内，普洱茶品的内质才会越来越好，即所谓的越陈越香。一款茶品如果起初质量就差强人意，存放得再久也很难脱胎换骨。

二、不要仅凭包装来判断茶叶的真伪。市面上有很多貌似古旧的普洱茶，茶饼外的棉纸印着繁体字，纸面也斑驳陈旧，但是价格却相当低廉。大家可以想象，现在存世又保存完好的普洱老茶饼，一定是数量极其稀少而且价格高昂的。

三、不要迷信所谓的“巨大的投资价值”。值得投资的普洱茶很多，其投资空间却应该理性判断，除了茶饼本身品质的未来发展，决定价格的重要因素还包括未来的供求关系。

基于上述几点，我们建议您在选购普洱茶时，首先注重其品质，过硬的产品品质是收藏的基本前提。其次要注重品牌，名品具有广泛的认可度，其增值空间更值得期待。

选购紫砂壶的小技巧

一、挑壶形　由于壶的容量大小及造型各异，适合冲泡的茶叶类型也不同，应根据各自的需要选择适合的壶。一般来说，泡乌龙茶，壶以小巧为美；若是泡普洱茶，壶就要相应大些；身高口小的壶，比较适合泡红茶；壶身扁矮、壶口较大的壶，更适合泡绿茶。

二、听壶质　壶在烧制时工艺不同，在硬度上也有区别。辨别方法是，用盖纽轻轻敲击壶身，或把壶平放在手掌上，另一手以食指轻弹壶身，若声音铿锵悦耳，表明火候适中；若声音混沌低闷，表明火候稍有不足；若声音清脆高亮，表明火候稍过或者在泥料中加有玻璃水。一般认为，声音铿锵的壶，适合冲泡香气高扬、滋味甘鲜的茶叶；声音较为混沌低哑的壶，适合冲泡发酵较重、香味醇厚持久的茶叶。

三、看壶态　一把好壶，应该是外观细腻，具有自然光泽、线条流畅，拿上手分量匀称，没有前轻后重，或者前重后轻这样的怪异手感。壶的内壁，闻起来无任何刺鼻的异味。除了造型特殊的壶外，将壶除盖后，倒置在水平的平板上面，壶嘴、壶口、壶把三者必须成一直线。壶盖与壶口的间隙不能太大、太松，壶嘴、壶把、壶纽不应有歪斜的现象，衔接处没有裂纹和残损。如果壶身上有刻字或装饰物，要自然美观，与壶身结合完美。

四、试出水　把壶放在水盆中，若壶不呈倾斜状飘浮，说明壶的重心良好。接着在壶中注满水，以手指按住壶嘴，然后将壶翻转，若壶的密闭性好，壶盖不会掉下来；反之，以手指按住壶盖上的气孔，壶也倒不出水。松开手指，壶的出水要顺畅有力，水束凝聚不散，壶嘴没有滴沥现象。如果能将壶里的水倾倒得滴水不剩，说明壶的出水性能非常好。

紫砂壶养壶四忌

一、淋壶。泡茶时将茶汁淋在壶上，认为这样壶就能多吸收一些营养，且不擦不刷。久而久之，壶被一层茶垢包起来，壶表面变得腻黑而无美感。

二、干擦。泡茶时趁壶身热将茶汁淋在壶身上，等茶汁倾倒出后，用干毛巾来回擦拭。这种方式养的壶，变亮较快，但养成后，最怕人的手气、水汽，一旦沾到了壶面，则养成的光泽容易褪去，导致壶面光泽不匀。

三、湿擦。壶身热时用毛巾沾茶水擦拭壶身，不断地推搓。这种方法就好像擦皮鞋，将茶汁一层一层擦在上面。养亮后，如果久置半年以上不用，光泽会逐渐褪去。

四、勤刷法。泡茶时淋茶水在壶上，趁壶热吸收之际，用毛笔或小刷子，勤加刷洗，使茶汁均匀刷在壶上，好像是刷皮鞋，是一种假亮。

悬挂字画有讲究

少而精　由于一般人的居室面积大都不够宽敞，悬挂的字画数量不宜过多，画幅也不宜过大，特别提醒的是不要将古今中外的人物、山水、书法、风景画挂得一应俱全。居室里最好选几幅比较适合自己的职业、审美和情趣爱好的字画。

色彩协调 字画的色彩须和居室、办公室、家具、书柜的色彩相配，这样才能给人以富丽高雅的感觉。水彩画宜与淡颜色的墙壁、家具相匹配，营造出清新、淡雅的意境。挂版画则要求家具线条整齐、边角突出、色调沉稳。

横竖相错 挂在居室里、办公室里的字画既要有横幅的，也要有竖幅的，做到错落有致。若居室的房间小，用小方斗、小字轴、小楹联、小扇子面，或加框装裱也很耐人寻味。总之，横竖关系处理好才能产生一种既长又深的效果。

高低适宜 悬挂字画一般来讲挂在墙壁从上至下 2/5 处比较适宜，从视觉角度讲，这样人们在欣赏时比较舒服。

鉴别翡翠真假

天然翡翠：行话为 A 货，标志为“翡翠”，指未经过任何人工化学处理，材质天然的翡翠。它美观、耐久、珍贵、稀有，每一件都绝无仅有，可保值、增值。

人工处理翡翠：行话为 B 货、C 货，标志为“处理翡翠”，指用强酸、强碱长时间浸泡剔除杂质，然后进行缝隙充填，改善透明度，甚至人工染色的翡翠。处理翡翠在短时间内具有一定的装饰效果，时间稍长就会出现退色、断裂、变黄等现象。因此，处理翡翠看似精美，但实属人为改变其天然本质，已无保存收藏价值。

这样鉴定羊脂白玉

近日，很多藏品被冠以“羊脂白玉”的美称。但实际上，从成色到质地，能达标的并不多。

首先，玉石绝非越白就越能证实是羊脂玉。羊脂白玉是带着油脂光泽的纯白，在烛光之下的光晕柔和且微微泛黄，如同凝脂一般；对着太阳光去看，边缘处有粉粉的雾状感。而普通的高档白玉，虽然色泽十分洁白，但一没有粉雾感，二是油性不够、润泽度不强。不过，羊脂白玉可以光晕微黄，但绝对不能发灰，发灰的白玉就不是羊脂白玉了。

再者，羊脂玉在人们手掌不断的触摸过程中，表面很容易产生一种“油性”，把羊脂玉坠于水中，再提起来，可见到滴水不沾。同时，多数羊脂玉的绵性即韧性也相当好，用手敲击声音清脆。

最后，羊脂玉的“水头”应能达到豆种翡翠的标准，在太阳光下，呈现半透明状态；将手指放到厚度在 5 毫米以下的羊脂白玉石后侧，在玉石前侧观察，可以隐隐看到手指晃动的黑影。过于透明或不透明，都达不到羊脂玉的标准。

茶和茶具的搭配

绿茶　绿茶的本质特征是“水清茶绿”，对茶具要求最讲究变化。冲泡时宜选择壁薄、易于散热、质地致密、孔隙度小、不易吸湿(香)的茶具为宜，如玻璃杯、薄胎瓷质杯具等。

白茶　冲泡白茶需要的水温较高,宜选择保温性较佳的器具,茶具力求古朴、自然，以陶瓷、石器为上。

黄茶　轻发酵茶,气香馥郁,滋味醇厚,所用器具以紫砂为佳。

红茶　红茶宜用白瓷冲泡,用玻璃杯赏汤,便于衬托它的“宝光、金晕、汤色红艳”三特点。

黑茶　黑茶可冲泡也可煎煮，当配陶制茶具或较粗砂粒的紫砂茶具，借茶具的吸附性消去茶叶存放中形成的不好味道，使黑茶的优点更加突出。

谨防珠宝市场猫腻儿

一、“南非钻”非真钻

目前市场上出现了“南非钻”、“苏联钻”、“水钻”、“火钻”、“奥地利钻”等，使消费者搞不清该如何选择，还以为这些都是钻石。按照国家标准规定，钻石就是指自然界产出的能作为宝石用的金刚石，也即天然钻石，而其他任何仿钻品、合成品等不可单独使用“钻石”二字，同时地名、生产方法等不能参与定名。合成钻石一定要在“钻石”前面加上“合成”二字。

二、低等级钻冒充彩钻

一些商人用颜色偏黄、价值较低的钻石经过镶嵌、包装冒充黄色彩钻。这种钻石虽然带黄色调，证书上会写明“LIGHT YELLOW”或“略带黄色”，但是其远远达不到彩钻级别，价值更是天壤之别了。

三、玻璃切出“八心八箭”

八心八箭指的是宝石切割后呈现的视觉效果，商家可没保证他是拿什么原料切的，说不定是颗玻璃，只不过切得精致些罢了。

四、“染色玉”宣称翡翠

有的翡翠不是很漂亮，而市面上好看的翡翠又特别昂贵，于是便有商家使用高科技的手段，将那些不够漂亮的翡翠处理干净，加进一些高分子化合物，使其在外貌上近似于高档翡翠。这样处理过的翡翠在价格上比天然高档翡翠便宜 80% 以上。此外，翡翠 A 货、B 货、C 货并不是代表翡翠的不同级别。翡翠并不分级，A 货指的是天然翡翠；B 货指的是经过漂白充填处理过的翡翠；

C货指的是经过人工染色的翡翠，而B加C货指的是经过漂白充填处理及人工染色的翡翠。

玛瑙去污莫用肥皂

玛瑙属于广义意义上的玉，可使用玉的保养方法来护养它。

首先，玛瑙虽然硬度较大，但像和田玉一样性脆，受到撞击时容易破碎。同时，玛瑙制品还应避免阳光直射或冷热过度，以避免因热胀冷缩而损坏。

其次，沾染灰尘的玛瑙制品勿用硬物清洁，因易划伤表面，而要用软布或毛刷小心擦拭。

再次，玛瑙饰品要远离香水、化学试剂等有腐蚀性的物品，以免影响其光鲜的外表；一旦沾染了油污，最好采用洗手液清洗而莫用肥皂去污。

最后要强调的是：玛瑙制品的存放空间要保持适当的湿度，否则，玛瑙制品就会因失去水分而出现裂纹。

别买偏红紫砂壶

假冒伪劣紫砂壶在业内被称为“垃圾壶”。由于紫砂原料越来越奇缺，有些商家会在不够好的紫砂泥中添加化工原料来改变颜色，或者采用油漆甚至鞋油进行表面的涂刷，会对身体健康产生危害。

挑选紫砂壶时，第一是看颜色，不宜过于鲜艳，假冒伪劣的紫砂壶壶体颜色浓重偏红，特别鲜亮，这类往往可能是色素和鞋油带来的亮丽。

第二是看壶的吸水性，用开水浇灌，吸水快则证明紫砂壶的泥料比较好，打了鞋油的紫砂壶是无法很好地透水的。第三看价格，一般情况下，价格在 80 元以下的紫砂壶，在质量方面应该注意。

建议消费者在购买紫砂壶等紫砂陶器产品时，索要产品有害物质检测报告，注意有害物质指标。

《紫砂陶器国家标准》对紫砂陶器产品的有害物质重金属铅镉溶出量允许极限进行了严格的要求。铅溶出量不大于 2.0mg/L。而镉溶出量要不大于 0.30mg/L。

翡翠饰品为何越戴越绿

天然翡翠是否带有绿色,和翡翠形成时内部有无铬元素有关。资料表明，铬元素越多，翡翠的颜色就越绿。但是翡翠首饰是纯天然翡翠加工的产品，其内部铬的含量已经相对固定了，其绿应该不会有变化。

人们感觉到绿会变“长”，实际上是因为首饰内部的铬有了少量的扩散。产生绿“长”的翡翠首饰主要是与皮肤紧密接触的翡翠首饰。

人体有一定的温度，加上热时出汗，汗水中的酸碱性成分会通过翡翠首饰的微隙渗入到翡翠内部。而这些成分可能会与铬离子产生化学反应，或者把已经固结在翡翠中的铬离子溶解而产生流动迁移，这样翡翠的绿色就显得“变长”、“变大”了。

运动旅行

又到钓鳖时节

开春了，又到了钓鳖的时节。鳖在水底爬行时，水面常冒出细密的小泡，我们可从细泡的移动来判断其行进路线，寻踪找到鳖的窝子，然后下钓。

钓鳖应选用大竿、粗线、较大渔钩。如用竹竿，尖梢勿过细；线可选4 ~ 10号尼龙线；钓钩可选长把钩如鹤嘴形115 ~ 116号、环形415 ~ 416号等。

钓饵一般用荤饵较好，蚯蚓、蚕蛹、蚂蚱等均可做饵料，但最好的莫过于猪肝或羊肝。素饵中鲜嫩玉米粒也是很好的钓饵。

鳖发现食物后总是小心谨慎地先闻后拱，然后轻咬，无动静时才正式吞食，故提竿宜迟不宜早。由于鳖的吃食动作特别，浮漂常先点动，尔后上下缓慢蹿动，连续如此即可提竿。

鳖一旦出水即失去挣扎能力，但摘钩却较麻烦。一般如吞食不深，可放在地面上按住其背部，将钩拽出，或用树枝、竹棍等诱其张嘴，趁势插入口内，将渔钩向下退顺势拽出。但鳖遇有东西探入口中，常死咬不松口，故非有经验者此举也不易奏效。有经验的钓者常利用鳖翻身先探出脖子的特点，将其翻过来，使它背朝地面，待鳖欲翻身伸出脖子时迅速掐住它的脖颈，将脚踏住其腹部，拉出脖子然后摘钩。但这也必须熟练，不能犹豫，不然很难掐住，且有可能被其前爪抓伤。实在不行则只有剪断钓线回家宰杀时再进行处理。

钓鳖也可以不用钓钩。取缝衣针，将线鼻一端的鼻孔去掉，磨成针尖，这样两头都是针状，渔线拴在针的中间（为了牢固，针的中间可刻一道槽），挂上猪肝条投入水中。鳖食后到颈部即卡住，无法挣脱，就可顺势钓上来。有人用此种针挂上猪肝，用防咬断的渔线拴在短竹竿上，渔线根据钓点位置可长可短，将竹竿插在岸边。可同时做若干这样的钓竿。白天可以注视线的变化，也可以装上浮漂，观察鳖讯。晚上只要竹竿插在牢靠的土中，可以不管它,因鳖吞下这种针钩,无法吐出,天亮之后去岸边取即可。

冬日巧垂钓

钓具选择 冬季鱼活动较少，行动迟缓，摄食动作轻。为此，在选择钓具时应遵循线软、钩小、坠轻、漂短的原则。如钓鲫鱼可用 1 ~ 2 号钩，主线用 0.8 或 1.0 号；钓鲤鱼可用 3 ~ 4 号钩，主线用 1.2 号。

定点钓与走钓相结合 气候变化对鱼的生理影响很大，随着冬季气温逐渐下降，鱼类觅食范围大大缩小，如果沿用平时的定点钓，获鱼量会减少，这时就宜采用人找鱼、走钓结合定点钓的方法。

应找深水区作为钓点 谚语说：“春钓浅，冬钓深。”在冬季，深水区水底温度要高于水面温度，冬钓深水易于获钓。

勤挑逗，撒虫打窝 冬季许多鱼特别是稍大点的，都处于半休眠状态，游动少。钓者应勤提竿引逗使其动心，幅度在 30 厘米上下，以引起鱼的注意。此外，还可用红虫或米粒状食料打窝点，这在找到鱼道或深坑的钓点非常有效。

冬钓不宜在“生塘” 垂钓正常季节，许多钓手喜欢找那些尚未被发现的“生塘”垂钓，但在冬季却不适合。此时的鱼群“深居简出”，活动范围小，很难摸清鱼的藏身之处，故还是应该到自己熟悉的地方垂钓为好。

冬钓　番薯做饵料更见效

熟番薯是一种很好的饵料，鲫鱼、鲤鱼、草鱼、青鱼、鳊鱼、白条鱼都十分爱吃，特别对某些大型鱼类(如鲤鱼、草鱼等)有较好的效果。

番薯做饵料使用时不宜煮得太熟，块不宜太大，一般为 0.5 ~ 1 厘米见方，或稍大一些。番薯应放在小铁盒子里，免得干裂。因为新鲜番薯香气浓，粉黄色的番薯质量更好(色暗的就差)，更能引鱼。用熟番薯做鱼饵，一年四季都可钓鱼，而以秋、冬季节效果更为显著。如果没有番薯，用马铃薯也可以，只是效果不如番薯好。

垂钓　鱼种不同　配饵有别

鲫鱼鱼饵：将大豆粉加上少量面粉，用开水拌匀，垂钓时用手捏上一小条即可。这种饲料腥味很重，鱼很远就能闻到。其次可用蚯蚓做鱼饵。但当天捉到的蚯蚓不能用。最好用茶水或细泥喂养几天，这样蚯蚓色泽鲜，有韧性，鱼一下咬不断它。

鲤鱼鱼饵：鲤鱼爱吃大豆粉和玉米粉。用玉米粉加少量面粉，拌蛋清蒸熟后即可做鱼饵。也可以用红薯做鱼饵，用刀将红薯切成小条，蒸到七八成熟即可。

草鱼鱼饵：垂钓草鱼时，要先看看河塘里有无杂草，如有杂草可用螳螂和蟋蟀做鱼饵；如无杂草则可用嫩绿叶、葱叶或葱白头做鱼饵。

鲢鱼鱼饵：把新鲜稻糠、豆腐渣、面粉、炒熟的大麦面、土豆泥等原料混合在一起轻轻搅拌成易溶于水的团状物即可。制作钓饵时，要注意黏性不要太大，水分也不可过量。

秋后钓鱼窍门

入秋之后，气温逐渐转凉，此时，鱼群活动、消化和摄食能力都较强，同时，鱼儿又要为快到来的冬天储备脂肪，几乎每条鱼都大而肥壮，所以每天的食量也很大。此时垂钓，大鱼、成鱼都特别容易咬钩。

此外，秋天的水温逐渐转为上凉下暖，下层的水温比较适宜鱼类生活，这时鱼常常游到水的底层，钓鱼者宜钓深水中的底层鱼。但到中午水温逐渐升高，许多鱼会游到上层近岸处觅食，此时可以抓住时机垂钓。

秋季较理想的垂钓地点是河。秋天河里的水位适中，而且清静，且在汛期中有许多鱼从长江或其他大河流入到这些较小的河内。秋天的藕塘也是较为理想的垂钓地点。

到了深秋，尤其白露、霜降时节，气候转冷，村庄的塘又开始上鱼，而且钓上来的鱼都比较大，这时就应该选择这些地方垂钓。

万能钓饵——面食

面食是钓鱼中最为普及，也最为万能的钓饵。它适用于各种鱼，如草鱼、青鱼、鲢鱼等。下面介绍的这种鱼饵既好做效果也不错，钓友不妨试试。

将玉米和小米面以 6 ： 4 的比例混合后用凉水浸泡一整天，上笼蒸熟，当温度降至 60 摄氏度时放入少许大黄、茴香浸泡的药酒拌匀，装入双层食品袋，放入冰箱保存，使用时，加鱼塘水揉成耳垂般软硬即可装钩。如果要用作打窝，将饵料与钓场的沙土混合后打窝。用不完的面食，放入冰箱内冷冻存放，下次用时再复蒸搅拌后效果同样好。天稍冷时，加入少许红糖或蜂蜜，气温高时，不用加任何佐料。

春钓收竿四窍门

抖。鱼上钩以后，一定要稳住神儿，先抬起渔竿，轻轻抖动一下竿梢，让鱼钩往深处钩去，钩在鱼嘴里钩牢了，不仅鱼吐不出钩来，收线时也可减少滑钩。但一定要轻轻地抖竿，重了会钩破鱼嘴而脱钩。

松。收线要有张有弛。收线时鱼的反抗力弱时，可快收。如反抗力大，特别发威时，要立刻收线，强收或僵持住，鱼就会挣脱掉。特别是到近岸时，鱼会拼命挣扎，这时必须注意收线，否则会切线逃跑。

直。收线时渔竿朝前直往上抬，切忌左右拉摆。鱼在水中发威时，力量要超过体重的若干倍，收线的阻力很大，大鱼发威时，人都很难站稳，这时渔竿只有往前抬，才能承受住压力，如果左右摆动，最易造成断竿的损失。

呛。让鱼多呛几口水。渔竿收线到一定时候，为防止切断线，鱼挣扎脱逃，需将鱼的头部抬出水面，再迅速放下水去，往复几次，鱼口中被水呛过后，必然头昏体乏，这时再用抄子去抄，就容易收上鱼来。

垂钓选钓饵

鲤鱼　属于荤、素兼食的鱼类，因此，选择蚯蚓、蛆虫、虾肉、红虫、面饵、嫩玉米、饭粒等为钓饵均属上品。但因放小昆虫难放长线，所以，采用钓钩上既有面饵又有小昆虫，其效果更佳。

草鱼　它的食性偏爱素饵，但也食荤饵，所以，应以素饵为主、荤饵为辅的钓饵为好。先可用菜叶、嫩草包捆放入水中，待水面上出现有草屑、碎叶、涟漪后，则可投以带嫩菜叶、面饵、红蚯蚓等的饵钩下水，成功率极高。

鳊鱼　素饵、荤饵均可。其中水草、熟毛豆、面饵、饭粒、豆腐干、虫类等特别爱吃。不过，当你去钓鳊鱼时，最好先观察一下周围水域生长着什么水草，然后用这些水草做钓饵，其效果甚佳。

鲫鱼　近钓用虫，抛远用面饵即可。

晚秋钓青鱼

一、钓具要做重点准备。鉴于青鱼体大而性猛，故钩要大点，适用于钓鲤之钩。线要粗点，还要注意带抄网。

二、钓饵要活要新鲜。钓饵以大红蚯蚓、鲜虾肉、干面团为主。干面团在有光时用，比一般钓饵好；蚯蚓、虾肉，在无光时用比较适宜。

三、钓位要选择滩涂、河坡。青鱼爱在滩涂、河坡活动。所选的滩涂、河坡，水深要 1 ~ 1.5 米，过深不行，过浅也不行。

四、打窝要广开，数量要多。窝子不要打得太多，以广撒摊开为好，因为青鱼寻找吃的，游动范围较大。

五、把握好垂钓时间。青鱼上钩多在秋天，晚秋则更好，北风瑟瑟则更佳。投竿的时间，宜在下午 5 时到天黑，天黑则更佳。

六、青鱼上钩游动较猛，要注意遛鱼。要采用技术手法管它，遛成“8”字形使它不向远处挣，遛乏了再用抄网抄取。

正确使用渔竿

一、渔线不要太粗。不少钓友怕断线跑鱼，喜欢买粗一点的渔线。殊不知，渔竿是有一定承受力的，渔线太粗拉力增大，若超过渔竿承受力，极易造成断竿跑鱼。

二、垂钓时，竿体与地面角度要适当。在竿体与地面成 30 度角时，20 型的最大吊力约为 3 公斤，30 型 (60 型) 的最大吊力约为 4 公斤；成 40 度角时则各减少 1 公斤。这就是说，角度越大，吊力就越小。

三、垂钓时，出现渔钩挂底时的处理。遇到这种情况，不要用力向上挑，这样容易造成断竿，而应将竿放平，使竿、线、钩形成一条直线，手握渔竿慢慢向后退，直至将河底异物拉出。这样至多把线扯断，而不会损坏渔竿。

徒步装备的选择

徒步鞋　一双适合长线徒步的好鞋应具有：全皮或优质人造材料制成的高鞋帮；坚硬防滑的橡胶鞋底，能对脚踝和足底提供必要的保护；很少缝合线，防水透气的鞋里；好的保暖层。

背包 选择高度不超过一米的背包，在装填满后重量不应超过体重的 1/4 或 1/5，如果身体素质好，也不要超过 1/3，长距离徒步前，背包最好和身体有过一段时间的磨合，确保舒适，没有质量问题，并为背包准备一个防雨罩。

装包原则：

（1）体积大而轻的物品放在最下方，重物放在中上且靠近背部，锐器远离背部，左右重量均衡，把一些时常需要的东西放在好拿的地方。

（2）养成分类装填的好习惯，使用不同颜色的整理袋，分门别类地放东西。

（3）尽量多使用防水的整理袋。

（4）把重要的东西放在一个不容易打开的袋里，比如背包内部比较隐蔽的口袋，这样不容易丢失。不要随身携带大量现金，所有的现金不要放到一个地方。

（5）尽量减少外挂，那样不仅不美观而且不安全。

（6）每次装包的时候尽量把同样的东西放在同一个地方。

帐篷、睡袋、防潮垫　帐篷要求轻、耐用，能应付目的地可能出现的恶劣天气，可以根据目的地的气温来选择携带棉睡袋或羽绒睡袋。羽绒睡袋保暖效果好，重量轻，可以压缩更小，占用空间少。防潮垫是露营的必备物品。以保护身体不受潮寒。

便携食品　便携食品要以重量轻、占用空间少的能量棒或压缩食品为主。也可以携带一些巧克力、糖果、牛肉干。如果是长途徒步，还必须携带维生素合成药片，每日一颗，以保证人体必需的营养。果珍冲剂能很好地恢复体能。

登山杖选购要点

手腕带：最好是软的，还有一些弹性。

手柄：尺寸和形状要吻合你的手，无论是戴手套还是不戴手套。

手柄材料：手柄的材料要让你容易掌握。采用软木和泡沫塑料手柄的登山杖，通常是手心容易出汗或经常在雨天中徒步人士的首选，因为，这些材料即便是湿了，也有比较好的摩擦力；采用橡胶材料的手柄，使用的时候会比较滑，但是它的手感很好；采用塑料和木头制成的手柄通常会比较滑，手感也不是特别好，但耐用、强度好。

长度：你的登山杖可以调节得越多，给你带来的好处就越多。下山的时候，要长一些；上山的时候要短一些；当不用的时候，可以收缩得更短，能方便地绑到你的背包上。

滑雪装备使用常识

滑雪靴：滑雪靴的穿着分前扣式、后拉式和中置式。滑雪靴的选择要使人感到舒适又合脚，脚指头在靴中能自如地运动，但脚掌、脚背、脚弓、脚跟应被紧紧地裹住，外壳上的卡子要卡得恰到好处，使踝关节可以向前屈曲，这样才能控制滑雪板和滑雪速度。

滑雪服：滑雪服有分身滑雪服和连身滑雪服两种。分身滑雪服的上衣一定要宽松，手臂向上伸直后袖子不能绷得太紧。连身滑雪服结构简单、穿着舒适、防止进雪的效果和滑行时的方便程度比分身的好，但穿着较麻烦。

滑雪帽：滑雪帽最好选用套头式，以保护耳部、轻便、不影响视野为目的，因此一般用弹性较好的细绒线织成。只露出脸的前半部，防止冷风对脸部的吹拂，对女士尤为重要。

滑雪镜：滑雪镜应选择全封闭的，防止冷风对眼睛的吹拂；镜片颜色以黄色或茶色为佳，防止紫外线对眼睛的灼伤；镜面不能起雾气；镜架以塑胶制品较为安全。

滑雪手套：滑雪手套要宽大，要选择五指分开的，手套腕口要长，最好能将袖口罩住，能有效地防止雪的进入。手套不仅要保暖、防寒，而且更要柔软、耐磨、防割伤。

滑雪小窍门

一、如何防止进雪　如果没有专用的滑雪服，您只要有一副护膝，一副宽条松紧带外加一条围巾即可解决问题。你可以买一种由腈纶棉织成的有弹性的长筒护膝，长约 40 厘米，将其一头套在滑雪鞭上半部，另一头套在腿上，即可有效防止进雪。用一副宽条带尼龙贴扣的松紧带将滑雪手套腕门紧紧扎住，雪就进不去了。另外，用一条围巾将领子与脖子之间的空间加填充，能保证雪不会进入领口。

二、如何选择滑雪镜　您应该选择全封闭型滑雪镜。这种滑雪镜的外观类似潜水镜，但不把鼻子扣在内，外框由软塑料制成，能紧贴面部，防止进风。镜面由镀有防雾防紫外线涂层的有色材料制成。这种材料很柔软，用力扭曲只发生变形而不会断裂，以保证镜面受到撞击时不会对脸部造成伤害。另外，在外框的上檐有用透气海绵制成的透气口，以使面部皮肤排出的热气散到镜外，保证镜面有良好的可视效果。

三、如何选择使用内衣　当人处于运动状态时，身体会排出很多汗。在选择贴身内衣时，最好不用棉制品，因为棉制品吸水性较好，当人体处于运动状态时，棉制品上的汗液很难在短时间内挥发掉,贴在皮肤上又冷又潮的棉内衣会将皮肤表面热量带走,使人产生寒冷的感觉，此时应及时更换内衣。另外，您可以将一件带网眼的尼龙背心贴身穿，然后在外面套上一件弹力棉背心，这样身体排出的汗液会透过尼龙背心吸附在弹力背心上，不会产生寒冷的感觉。

野外旅行如何选择露营地

在选择营地时应选择靠近溪流、湖潭的地方，以方便取水。但也不能将营地扎在河滩上，有些河流上游有发电厂，在蓄水期间河滩宽、水流小，一旦放水或者下暴雨，都有可能发生漫滩，一定要注意防范。

选择营地除了近水还应选择近村，这是因为万一出现紧急情况时可以向村民求救。另外，近村其实也是近路，即接近道路，方便队伍随时转移出山。

在一些山谷、河滩上扎营时，选择一处背风的地方，尤其重要。背风时用火更方便，也更安全。如果需要居住两天以上时，最好选择背阴处扎营，最好是朝照太阳，而不是夕照太阳。这样，如果在白天休息，帐篷里就不会太闷热。

扎营时不能将营地扎在悬崖下面，这样很危险，一旦山上刮大风时，有可能将石头等物刮下，造成伤亡事故。

在雨季或多雷电区，营地绝不能扎在高地上、高树下或比较孤立的平地上。那样很容易招致雷击。

如果天气预报露营当晚有可能下雨，就应当对营地及帐篷进行必要的防雨处理，除选择好营地外，需要挖泄洪沟，加固帐篷并增强防雨性能，如可以在帐篷外加盖防雨塑料布、雨衣，将各种旅行用品放置在帐篷中等。

此外，布置帐篷露营区时，应该注意：所有帐篷应是一个朝向，即帐篷门都向一个方向开、并排布置；帐篷之间应保持不少于 1 米的间距，在没有必要的情况下尽量不系帐篷的抗风绳，以免绊倒人；必要时可以在帐篷区外用石灰、焦油等刺激性物质围着帐篷画一道圈，设置警戒线，避免虫蛇等爬行动物的侵入。

而在布置其他几个分区时，应该注意，用水区应在溪流及其河流上分上、下两段，上段为食用饮水区，下段为生活用水区。

就餐区应紧挨用火区，以便烧饭做菜及就餐，这个区域要与帐篷区有一定的距离，以防火星被风吹起而烧着帐篷。

活动及娱乐区应在就餐区的下风口处，以防活动的灰尘污染餐具等物，并距离帐篷区应在 15 ~ 20 米，以减少对正在休息的同伴的影响，同时注意清理场地里绊脚、碰头的东西，以免发生意外事故。

选对鞋子再运动

快走：鞋底有弹性，这样可减少每走一步关节所承受的冲击力，另外鞋底也要比跑步鞋更容易弯曲，因为步行时脚后蹬时更有力，脚的弯曲程度也更大。经常步行，鞋的弹性会很快丧失，建议一年最好换一双步行鞋。

跑步：买鞋之前要试穿一下，并试跑一小会儿，看看是不是有足够的弹性和是否合脚。另外鞋底要较易于弯曲，如果你抓住鞋的两头来折弯它，弯曲最大的部分应该在脚掌部分。脚跟部分要合适，太大的话会使你跑步的时候不稳定，容易损伤脚踝。

跳操：一般来说，健身房四季恒温，你健身时会出汗，最好选择透气性好比较轻薄的运动鞋。

野外烧烤七大秘诀

烤蔬菜的诀窍：烤蔬菜要讲究温度和技巧。柔软且水分多的可以直接放在炭火上烤，像青红甜椒、洋葱等，如果是组织紧密且淀粉含量高的蔬菜，比如土豆、茄子等，就要离炭火远一些进行间接烧烤，可以把木炭烧热后移到烤炉的两侧，把蔬菜放在烤炉中间，用远火传过来的温度将其烤熟。

干净的烤网：当烤网上有残留食物的时候，要及时清理，只有这样，烤好的食物才会美观。

保持食物的冰鲜温度：无须将牛排等需要冷藏的肉类放回室温后再进行烧烤，因为烧烤后在口味上没有明显的区别。出于户外卫生的考虑，还是将肉类保持冰鲜冷藏的状态，等一切都准备好了，直接上烤架就行了。

选择木炭：炭烤食物的风味，来自于木炭高温时与食物融合后产生的特殊香味，所以在燃料上最好选择木炭，尽量避免使用化学炭。点火时可用适量的酒精助燃，当木炭烧到红热透明、表面有白色灰状物出现的时候，就已经达到了理想的烧烤温度。

轻度腌渍：在烧烤肉类或鱼类前，最好先用调味料腌渍，否则即使多加烧烤酱，味道也只是停留在表面。

用眼睛和手指了解熟度：烤牛肉、鸡肉等肉类时，可以用手指触摸判断熟度——触觉还很滑软的时候是一成熟；触觉很柔软、表面稍微有些褐色的时候是三成熟；表面变成棕褐色，基本上是五成熟；当手指按压表面，觉得紧致但富有弹性的时候是七成熟；当肉质变得坚硬就表示已经全熟了。

搭配好食物：把可以在一起烧烤的食物仔细地串好，比如把洋葱和肉类一起烤，可以让肉类和洋葱更加美味。

春日十大踏青好去处

1. 春去云南赏茶花　大理山茶栽培的历史悠久，每到2~5月，各个品种陆续开放，争奇斗艳，甚为壮观。来到这里您完全可以品味到郭沫若的诗韵“人人都道牡丹好，我道牡丹不及茶”。

2. 烟花三月下扬州　三月的扬州美艳动人，百花争艳，桃红柳绿，柳絮如烟，烟雾迷蒙。

3. 桂林三月看漓江　桂林美，最美的是漓江，漓江风光的美，不仅充分展现了“山青、水秀、洞奇、石美”的特点，而且还有“深潭、险滩、流泉、飞瀑”的佳景。春天的桂林，细雨如纱，飘飘沥沥；云雾缭绕，似在仙宫，如入梦境。

4. 杭州西湖　杭州西湖，阳春三月，莺飞草长，苏白两堤，桃柳夹岸，花开时翠彩相间，千姿百态。

5. 武大赏樱花　每年三月中下旬，一千多株樱花在武汉大学的校园内竞相开放，极为壮观。

6. 湘西凤凰古城　每到春天，凤凰的沱江旁，成千上万大大小小的筒车，吱吱悠悠地转动，用河水浇绿田园和山庄。苗族、土家族的人们，用古老的方法榨油、造纸、碾米、织布，用筒车提水灌田，小城四处一片平和景象。都市繁忙的人们，在这里将圆你一个田园生活的梦！

7. 婺源油菜花　在“中国最美的农村”江西婺源，三月怒放着金黄的油菜花。漫步于乡村的石板路，穿过溪河的石拱桥，油菜花盛开于徽式农舍间，返璞归真的神韵尽在其中。

8. 桃花源处赏桃花　桃花源，在今湖南桃源县西南，即晋代诗人陶渊明《桃花源记》描绘之处。每逢三月桃花开时，山下水边，红霞万点，一派盎然春意，美不胜收。

9. 林坑满山谷的翠绿与寂静　林坑在浙江省永嘉县东北部，被誉为“湮没深山中的璞玉”。掩映在山林怀抱中的林坑古村落，是楠溪江流域保存最完整的山地民居。那些黑瓦覆盖的木屋，无序中显自然，纯是一群朴素自然、洒脱不拘的农家院舍。

10. 南京梅花山　南京的梅花山是中国四大梅区之一，占地面积四百多亩，拥有众多的梅中极品，洁白素雅的江梅、粉红淡妆的宫粉、色如丹霞的朱砂竞相争妍，美不胜收。

健康背包方案

当天不需要的物品应及时取出来，能少带则少带，以肩膀不感到坠压为宜。喜欢在包上挂小饰品的，建议挂一些重量轻的毛绒玩具。有些包的带子过细，而且质地坚硬，尤其是单肩包，极易造成肩部斜方肌的损伤。购买时要选择那些背带比较宽大柔软的款式，尽可能减小重物对肩部的压力。

旅途怎样防止衣服起皱

春暖花开，很多人都想去旅游了。旅途中怎样防止衣物起皱呢?

首先，叠衣服时让衣服先正面朝着桌面，然后在背面放一个大的塑料袋，然后，再按照正常的叠衣法来叠。每折一折都要有塑料袋。因为有这个塑料袋，面料和面料之间完全隔离开了，然后把衣服打一个小卷。

出去玩的时候一般都会带旅行箱，如果把衣服打成卷放的话，就会节约出很多空间，就可以放更多的东西。

为什么加一个塑料袋就不会起皱了呢？这和摩擦力有关系。同种面料之间的摩擦是最大的。摩擦力一大，就容易起皱，而加个塑料袋，面料之间的摩擦系数很小，就能防皱。

游岩洞时间不宜长

具有冬暖夏凉特点的山洞深受人们喜爱。但专家提醒：由于部分山洞所含放射性物质较多，对人体健康有害，应注意控制游玩时间以及频率，并尽量避免前往辐射水平较高的洞穴游玩。

上海环保产业研究院核辐射研究专家冯维恒说，他曾到过许多景点实地检测，结果显示，绝大多数岩洞都存在或多或少的辐射风险。

由于地质关系，我国南方的岩洞辐射强度普遍比北方的低，而天然水洞内的氡浓度又比其他类型的岩洞要高。岩洞的氡浓度高低有一个规律，即洞体很长、离地较深、只有一个洞口的岩洞，往往氡浓度超高。

专家建议对岩洞辐射风险不放心的游客，可以携带便携式仪器随时监测。

游览寺庙应知的佛教常识

门殿——寺院大门一般是三门并立，中间一大门两旁各一小门，所以称三门殿。三门殿内门的两旁树两大金刚像，手持金刚杵，世俗称为“哼哈二将”。

天王殿——三门内的第一重殿，殿中间供弥勒菩萨。东西两旁供四大天王像，世俗称为“四大金刚”。

弥勒菩萨——释迦牟尼弟子，南天竺人，世俗亦称布袋和尚或弥勒佛。源自浙江奉化在五代时有一僧人常携布袋，教化众生，示寂时说了一首偈语：“弥勒真弥勒，分身千百亿，时时示时人，世人自不识。”因此，人们认为弥勒佛就是弥勒菩萨的化身。

大雄宝殿——正殿，或称大殿。大雄是称赞释迦牟尼佛威德高尚的意思。

春季野外活动五原则

穿着原则　1. 耐磨而宽松的长衣长裤：可以保护皮肤，防止丛林中的灌木、藤条等的划伤。2. 雨衣：野外天气变幻莫测，雨后气温会降至很低，雨衣除了能防雨，还可以抵御冷风的侵袭。3. 舒适的厚底鞋和几双厚袜子：可以保证长途跋涉脚不打泡。若不慎落水，换双干袜子，外面套个塑料袋再穿鞋子，便可以继续行进。

食物原则　最佳食物：鸡蛋、巧克力、黄油、牛肉干、纯牛奶、果丹皮、花生米。大运动量会使食欲大增且口味加重，所以果酱、辣酱、肉酱、色拉酱必不可少。对于不熟悉的野菜、动物肉、果子千万不要采集食用。

科学饮水办法：在感到干渴时喝一口，含在嘴里慢慢咽下，等到干渴时再喝一口，不要忍到极渴时暴饮，以免伤肺。如果野外有甘甜的泉水，可以用随身携带的水壶或可乐瓶子装上一些，以备不时之需。

随身物品原则　手电、照相机、望远镜、洗漱用品等随身物品应以轻便、小巧、耐用、结实为原则，常用的应急药品一定要带全，比如止泻、止痛、止血、消炎药和捆扎用品等。

行走原则　春天正是万物苏醒的季节，蛇虫也开始出动，尤其是潮湿、草密的地方更是它们出没之地。因此，最好找根棍子，边走边打草惊蛇、驱赶害虫。中途休息时，不要在杂草丛生且有污水的地方坐卧、晾物品，而应选择草少、干燥、阳光充足之处。

用火原则　野外用火应特别注意，不要在禁火区生火。生火时要在避风的空地上挖一个直径 1 米、深 1 尺的坑，四周不要有干枯的树枝和干草。生火处最好靠近水源，并准备一些泥土以备灭火。离开前，必须仔细检查，确保火堆彻底熄灭。

老人出行要注意

老人出门旅行最好别用改装代步车，老年代步车严格来讲属于医疗器械，服务于行动不方便或有疾病的老人，不允许在机动车道路行驶，但如今马路上的老年代步车主要是指以蓄电池或者燃油驱动的非法组装、拼装的三轮车或四轮车。这些车虽然挂的是代步车的牌子，但内部刹车、油门却一应俱全，完全是机动车的配置。

这种代步车存在严重安全隐患。首先，这种车起步猛、底盘轻，特别容易发生倾斜。刹车零件容易损坏，紧急情况下难以保证安全停车。同时，这些车没有任何安全防护措施，危险系数极高。因此，老人最好不要买、不要坐，更别自己开。

此外，以下 5 种物品老人最好随身携带。

联系卡　上面写清楚老人的姓名、家庭住址、联系人电话以及疾病史、服药史，方便迷路或发生意外时，别人能及时联系到老人家属。

方便药盒　心脑血管患者容易出现突发状况，这部分人应随身携带药盒，里面装上硝酸甘油、降压药等急救药品，并且附上小标签和服用说明，发生危险时可以在最短时间内得到救治。

拐杖　给老人准备一根拐杖可以有效预防跌倒，尤其是对腿脚不灵便的老人。

老花镜、助听器　上了年纪，一般都会出现眼花、耳聋的症状。他们很可能因看不清地上的香蕉皮而摔倒，听不见身边的车辆声而发生意外，这时，老花镜和助听器就可以帮上忙。

老人手机　给老人买一个大屏幕的专用手机，设置几个常用号码的快捷键，如 120 及子女的联系号码，一旦发生意外，只要老人意识清楚，就能在第一时间自救。

独自旅行八大注意事项

春暖花开，越来越多的人选择外出旅游，甚至背包客的独游。而旅游安全却是旅游的重中之重。北京星光救援队负责人周敏提醒大家，独自旅行时要切记八个注意事项。

了解当地情况　计划告知亲友　行前收集资料，多了解一些要去的地方的安全性。远游之前最好把已经决定的行程告诉家人(或朋友)，以方便亲友联系。

穿着简单自然　忌带贵重物品　切忌打扮得花枝招展或钱财外露，引起歹徒注意。出门旅行忌携带贵重物品，重要的东西，最好留在房间里的保险箱或托总台保管。

选择安全住宿　记住逃生通道　选安全的地方住宿，勿因贪小便宜而租住陌生民宅或低矮楼层。进入旅馆房间的第一件事，应该是查看门后面贴的房间地图，看清楚防火梯的位置及逃生通道。

保持低声交谈 勿泄个人信息 旅途中，尽量避免在旅馆大厅喊别人的名字，再问他住几号房间。不要轻易暴露个人信息。

慎选陌生旅伴 危急时应呼救 在外面遇见陌生人，就算谈得很投机，也不能把自己的旅馆房间告诉他。此外，切勿饮用陌生人的饮料。女性遇危急情况应呼救。

切忌进入暗巷 保证人身安全 旅行中，如果不小心走入暗巷要立即出来，就算被抢了，也别追进“黑街、黑巷”。

遇劫切忌争斗 脱身迅速报警 要记住“好汉(好女)不吃眼前亏”的道理。在四顾无援的情况下遇上抢匪，干脆掏出钱给他，待劫匪离去后迅速报警。

旅途警钟长鸣 切忌四处游荡 在外游玩时,切忌毫无目的、无谓的游荡，随时保持机灵的警觉心。

漂流常见危险

漩涡 河道水流较深时，常会出现漩涡，此时应尽量避免被卷入，绕行而过。如果被卷入的话，要让艇顺着洄流旋转，等转至漩涡外围时，大家全力划桨即可冲出困境。

冲撞 保持平稳、避免冲撞是漂流过程中须恪守的原则。实在避无可避时，要将舟身控制在正面迎撞的角度（侧面碰撞容易导致翻船），人员抓紧绳索。冲撞后舟身会与岸平行，此时这一侧的乘员要注意收脚以免夹伤。

搁浅　石头密集之处，水道变窄，水深变浅，水流变急，很容易发生搁浅。此时不必慌乱，可用桨抵住石头，用力使艇身离开搁浅处。若此招不灵，就要派员下水，从旁侧或拉或推让艇身重入水流，而拉艇的人则要眼明手快，注意安全。

落水　万一不小心落入水中，千万不要惊慌失措，救生衣的浮力足以将人托浮在水面上，而艇上的同伴应当伸出划桨让落水者攀抓。若落水者离橡皮舟较远时，要想办法上岸或停留在石头的背水面（迎水面水流强且容易被橡皮艇撞到）等待救援。

翻船　翻船多发在水流湍急的区域，往往是因为有人落水而造成橡皮艇重心不稳。翻船后应保持镇定，先将艇身扶正；重新登艇时注意两侧受力均衡，一侧人员爬上艇时另一侧要有人压住。掉落的划桨要及时拾回，否则到缓流区就只能用手划水了。

气室破裂　此时要调整艇上人员的位置，破裂气室的位置不要再坐人；设法保持橡皮艇稳定并靠岸等待救援。

带孙辈出游五大锦囊

如何照顾出游在外的孙辈呢？针对宝宝出游的诸多事项，我们特意奉上五大锦囊。

锦囊一：1 岁以内的宝宝太小不适合远游，1~3 岁的孩子可选择在乘车 4 小时就能到达的景点；3~6 岁的孩子可以远游，但也不宜长时间乘车。

锦囊二：出门前，孩子的日用品一定要备齐，比如围兜、手帕、湿纸巾等；行李中再带上一两件他心爱的玩具、故事书以打发在路上的无聊时光；千万不要忘记带感冒药、止泻药等常用药品。

锦囊三：要根据孩子的特点，选择适合他并让他感兴趣的旅游点，如动物园、植物园、海滨等。另外，行程不宜太紧密，以免孩子身体不适。

锦囊四：带宝宝出游最好选择自助形式。旅行团的行程普遍安排较紧，不太适合小孩。

锦囊五：乘坐飞机要尽量预订靠近机头的座位，因为飞机前舱的空气循环比后舱稍好，上下机也方便。

在机场候机时，要注意看好孩子，宝宝的东西需随身携带。飞机起降时儿童若感到耳朵痛，可让他们喝奶、嚼糖果，以减轻症状。

旅游带点牛肉类食品

卫生部北京医院副主任营养师李长平建议，为了及时给身体“充电”，旅游时不妨带些肉类食品，如牛肉干等。

牛肉性微温，能补脾胃、强筋骨，蛋白质含量高达20%，富含血红素铁，是补充体力的好食品。同时，锌、硒等微量元素和各种B族维生素含量也比较高。牛肉及其制品是优质蛋白以及其他营养素的最佳来源，可以全面补充营养，增强并恢复体力。并且比起羊肉、猪肉，牛肉适合各种体质的人群。

此外，李大夫说，人感到疲劳，是因为体内乳酸分泌过多所致，所以，要想消除疲劳，还应该多吃些碱性食物。例如卤汁豆腐干等豆制品，还有蔬菜水果类，不仅能中和乳酸，消除疲惫，还能补充维生素 B 和维生素 C，提高身体的免疫力。

在摄取不到足够的蔬菜水果的情况下，不妨在出门前就先备好一些复合维生素片或含维生素的泡腾片。另外，为了调剂口味，还可以带些火腿肠、巧克力、咸水鸭、茶叶蛋，它们也是快速补充体力的食品。

夏季登山学问多

第一，建议登山者、尤其是有晨练习惯的登山者，将登山时间适当延后，最佳时间应在日出后至上午 10 时，或下午 3 时以后。

第二，应穿轻薄透气的衣物，因为如果热量不能及时散发，将导致中枢神经紊乱，由此引发的最常见疾病是中暑。

第三，夏季登山要注意遮阳，不要连续暴晒，应及时休息，补充水和食物。可以自行配制运动饮料，盐和水按 0.9 ∶ 100 比例配好，再放入少许白糖即可。绝对不要空腹登山，中老年人或体弱者很容易在运动过程中产生饥饿感和疲劳感，这时千万不要忍耐，因为任何的疏忽都可能在山上造成不幸。

第四，有特殊疾病的人在登山时须格外小心，如患有冠心病、高血压和糖尿病的人，需配备速效救心丸、硝酸甘油等药物后再上山。如患有不稳定性心绞痛或腰、腿等关节病的人，则应干脆远离这项运动。尤其是在三伏天、桑拿天登山时，危险更胜以往。

高原旅游需“高倍”防晒

高原光照丰富。以青藏高原为例，年日照时数达2500 ~ 3800小时，年光照量达117 ~ 139千卡 / 平方厘米，比同纬度的华北平原、黄土平原高10 ~ 40千卡 / 平方厘米。由于海拔较高，太阳辐射通过大气的光程短，加之空气密度小，透明度大，辐射能量消耗小，来自太阳的短波紫外线也大大增强，增大了到高原地区旅游者发生皮肤光毒性反应的危险性，很容易导致晒伤和日光性皮炎。

到高原地区旅行的防晒措施：1. 外出时应涂用高倍（SPF30）防晒剂、穿长袖衣和长裤、戴宽檐帽或打遮阳伞。在没有遮蔽的高原牧场旅游时更应注意，牧场上的紫外线因为没有树木和建筑物遮挡，紫外线辐射更为强烈，建议在使用遮阳衣物的同时，外用含二氧化钛和氧化锌的物理防晒剂。2. 紫外线辐射的最大值通常出现在上午10时到下午2时之间，一天中约70%的紫外线在这段时间内，所以在这个时间段应停止或减少户外活动。3. 晚间用冷的浓绿茶水蘸湿毛巾湿敷面部30分钟，可有效帮助皮肤修复日间紫外线照射所致的轻度晒伤，并有助于防止日晒后的色素沉着。4. 适当多进食富含维生素 C 的绿色蔬菜和水果，有助于皮肤抵抗紫外线的伤害。5. 有日光性皮炎的紫外线过敏史者，慎到青藏高原旅游。6. 戴深色墨镜，防止眼睛灼伤。

国内城市最佳游玩季节

昆明　昆明的气候四季不分明，但干湿季分明。1 ~ 2 月气候温和，是旅游的好季节。7 月下旬是彝、白、蒙古等族的“火把节”，可去昆明附近的石林游览，又可观赏火把节的盛况。7 ~ 8 月，全国大部分地区天气酷热，而昆明气温在 20℃ ~ 25℃之间，是避暑胜地。

成都 成都市区旅游四季皆宜，但若到附近的其他地区则因地而异。九寨沟以春末到秋初为宜，9~10 月最佳，7 ~ 8 月是雨季，雨具必备；峨眉景区随海拔不同垂直温差大；甘孜地区的四姑娘山，1、2、5、12 月为最好季节。

贵阳　到贵阳旅游四季皆宜，若到附近的黄果树看瀑布，最佳的季节是夏、秋两季。此时这里的景色最为壮观，瀑布高约 67 米，顶宽 84 米，达全年最高纪录。“地无三尺平，天无三日晴”是对贵州的真实写照。这里多夜间下雨，白天晴天，无论何时去，都必备雨具，适当的多带点衣服。

厦门　这里年平均温度 20.9 摄氏度，最低 4 摄氏度；8 月最热，平均气温 28.2 摄氏度，最高 36.5 摄氏度。夏季可避暑，冬季可避寒，是四季皆宜的旅游城市。但如果是夏秋旅游，别忘记收听气象部门发布的台风警报，这里是台风登陆的多发地。

哈尔滨　哈尔滨四季可游，但冬季(12 ~ 1月)、夏季(7 ~ 9月)是最佳季节。冬季银装素裹，到处可以看到与江南水乡迥异的冰天雪地景色；夏季气候宜人，是避暑的理想去处。

乌鲁木齐　6~10 月是到乌鲁木齐旅游的黄金季节。此时温度适宜，花木争艳，瓜果飘香。但即使是初夏和秋季到这里旅游，也应适当带上防寒衣物。

银川　最佳旅游季节为 5~10 月份。5~8 月应准备夏、秋两季服装，9、10 月份应携带冬装。

兰州　兰州旅游四季皆宜，3~9 月最佳。但这里气温日交差大，应根据季节不同，适当带些防寒衣物。

呼和浩特　冬春干旱、多沙尘暴，6 ~ 9 月是旅游的黄金季节。但夏季草原昼夜温差近 20 摄氏度，应备好长衣、裤。

济南　这里的气候特点是春旱多风，夏热多雨，秋晴高爽，冬寒干燥。济南旅游四季皆宜，但欲观闻名的趵突泉一般应在 2 ~ 3 月和 7、8、10 月；如到附近的泰山游，以 4 ~ 11 月为佳。冬季要有积雪时，景色才出奇。

有些地方适合“骑游”

上海：老洋房里品风情

上海徐汇区的武康路原名福开森路，在法国梧桐树的掩映下十分优雅，是上海一条颇有特色的马路。路旁林立的老洋房幢幢有来头，座座有故事，非常适合旅行者在骑游时随时停下来拍照、细赏。

杭州：步步美景

骑游杭州，可谓步步美景。英国广播公司（BBC）旅游频道曾选出了全球 8 个提供最棒公共自行车服务的城市，在中国只有杭州入选。在市区里随处可见的公共自行车租借点租辆性能较好的单车，高高兴兴地骑游，倘若被一处风光“黏”住，想坐下细赏，很方便就可以找到就近还车的地方。

青海湖：“骑客”族的必访地

青海湖是许多骑行爱好者心目中的“必访之地”。只要瞧瞧青海湖畔那小小的西海镇上“扎堆”着那么多家自行车俱乐部，便不难看出此地是多么受“骑客”族的欢迎了。

海南：椰风海韵满眼来

海南简直就是为骑行爱好者度身定制的优质骑行场，路况良好，对骑游者的体能要求低。一路上风光旖旎，令骑游者尽享椰风海韵相伴左右的惬意。

喀纳斯：穿越水彩云水间

春、秋两季是骑游喀纳斯湖的好时节。从布尔津镇出发，经过冲乎尔镇至喀纳斯湖，再返回布尔津。沿途山湖相偎，色彩层进，森林芬芳，百花齐放。若不想全程骑游，游人也可进入喀纳斯景区后再租用自行车。

踏青出游注意些什么

注意天气变化。春游最理想的天气是清晨有露水，天空无云或少云，风速小，气温 15℃ ~ 20℃。注意春天天气多变，长途旅行就很难保证外出的时间都是好天气，一定要提前了解旅游当地的气候情况，随身带保暖的外套和雨具。

春季是一个潮湿多雨水的季节，蚊虫和细菌特别容易滋生，应尽量避免饮用生水和吃不卫生的食物。

小心皮肤过敏。春季气温忽高忽低，皮肤一时难以适应，同时皮肤因皮脂腺分泌功能增强，毛孔张开，病菌易入侵，诱发过敏性皮炎。春天出游空气中会飞扬着柳絮、花粉和孢子等多种致敏因子，皮肤过敏后会出现小红疹、脱皮、红肿和瘙痒。所以，春游时不要到杂草树丛中嬉戏，尽量不与花粉等过敏原接触，有过敏体质者应带上抗过敏药。

鞋一定要合适，女士出游不要穿高跟鞋，在临睡前用热水泡泡脚，疏通经脉。

晕车、晕船、晕机的人出游前不宜吃得太饱，可预先服用一些药物预防，或不停咀嚼口香糖等。

登山小窍门

登山前，用 10 ~ 20 分钟时间，做些肌肉伸展运动，尽量放松全身肌肉，这样你攀登时会觉得轻松许多。

走上坡路时，尽量让脚后跟使劲，人的重心放在脚后跟上，身体的重量就分配到大小腿乃至腰部，这比用脚前掌爬山要省 1/3 的力气。如坡度较平，也要尽量全脚掌着地。走上坡路另一个窍门是每次迈步换脚时，最好将主要支撑力量的一条腿伸直，这样腿的承重力会分散给腰肌，每走一步，另一腿就有稍稍的休息。用手减轻双腿负重，爬山时只要坡度超过 45 度，就可手脚并用，这样省力。

登山时不要往高处看，尤其是登山之初，双腿还没有习惯攀登动作，往上看会使人产生一种疲惫感。

转移注意力。登山前不要老是想山有多高，爬上去还需要多少时间。要不慌不忙，走走停停，才能体会到爬山的乐趣。

下山要放松。下山要控制自己的脚步，不要冲得太快，这样容易受伤。

慧眼选对老年旅游团

看行程：不能参加“急行军”　“老年团”一般是行程比较慢，同样的游览内容，常规团是 5 天的，老年团就要 6 ~ 7 天。老年人千万不要抱着多玩多游览才算值的心理而选择那些走马观花的团体。有的旅行社为了满足多游几个国家的心理，也给老年人安排欧洲多个国家的“急行军式”旅游团，很多时间都在汽车上度过。这都对老年人的健康不负责任。

看内容：不图刺激图舒缓　老年团的行程设计一般是以古迹以及老年人印象中的经典景区为主线，并配合一些适合老年人的主题活动。旅行社在游览安排上都尽量做到休闲、轻松。一般都是坐火车或坐游船比较多。行程中应该没有刺激性的项目，比如漂流、快艇。

看同伴：20 人以内最合适　除了选择品牌较好的旅行社外，老年人报名参团，还要注意一些问题。首先，不要图便宜，参加低价劣质团。另外，通常旅行参团人数较少的，会比人数多的更舒适。如老人团最好在 20 人以内，这样会得到比较好的照顾。

看价格：不要图便宜 “老年团”在服务上和行程安排上，对旅行社的要求都很高。而一些不负责任的旅行社，则干脆换汤不换药地把常规团包装成“银发游”。因此，报名之前一定不要图便宜。了解到旅行社的顾虑，老年游客在报名时，一定要注意，要选择大型的、有信誉的旅行社参团。此外，不要图便宜。真正的老年团，必须在陪同护理上有保证。

春季出游须知

春游时，常会遇上大风、低温、阴雨、浓雾、强对流天气，所以游客要注意穿着适当。

一般来说，要提前取得旅游当地的气象资料，随身带上保暖外套；雨具是春游必须随身携带之物，带上一把小折叠伞或雨衣；鞋一定要舒适，女士不可穿高跟鞋；如在外野炊、野餐，要注意饮水和饮食卫生，不要坐在阴凉潮湿的地方，以免受凉致病；有过敏史的，要备好抗过敏药品，并尽量回避有花之处，以防花粉过敏；要避免过分劳累，特别是患有慢性病的老年人，更需要量力而行，不要一下走得太多、登得太高，要注意中途休息。

乘坐飞机八大安全守则

一、选择直飞班机。统计数据指出，大部分空难都发生在起飞、下降、爬升或在跑道上滑行的时候，减少转机也就能避免碰到飞行意外。

二、在选择飞机机型方面，应该选择至少30个座位以上的飞机。专家指出，飞机机体越大，受到国际安全检测标准也越多、越严，而在发生空难意外时，大型飞机上乘客的生存概率也相对较小，因为飞机飞得高。

三、熟记起飞前的安全指示。飞行安全专家表示，各种不同机型的逃生门位置都有出入，乘客上了飞机之后，应该花几分钟仔细听清楚空服人员介绍的安全指示，如果碰到紧急情况，才不会手足无措。

四、大件行李不要随身带上飞机。如果飞机遭遇乱流或在紧急事故发生时，座位上方的置物柜通常承受不住过重物件，许多乘客都是被掉落下来的行李砸伤头部甚至死亡。

五、随时系紧安全带。

六、不要携带危险物品上飞机。

七、不要在飞机上喝太多的酒。由于机舱内的舱压与平地不同，过多酒精将使得乘客在紧急时刻应变能力减缓，丧失逃生的宝贵机会。

八、随时保持警觉。

冰雪旅游需注意什么

我国东北地区冬天气温大抵在0℃～－30℃，有的地方可达－30℃以下，因此到东北旅行，需要穿厚实的羽绒衣、高领厚羊毛衣、羊毛裤、羽绒裤，要戴棉手套。

由于路上多有冰雪，最好穿雪地防滑棉鞋或球鞋。

要注意给照相机保暖，因为电子快门的照相机在－20℃温度下，电池易放电，使相机失灵，快门按不下去。所以拍摄完后要及时将相机放进外衣“保暖”，用时再拿出来。

太阳镜、保暖瓶、润肤霜、润唇膏，也是不可或缺的。

老人出游最好选准时节

老年人的体力、情绪及财力等与中青年人有所不同，因此，外出旅游也有着自身的特点。

例如，在隆冬季节，你如果前往长沙的岳麓山、南京的栖霞山、苏州的天平山、北京的香山……除了欣赏雪花飘飘的景象以外，还有那袒露光秃秃枝头的一片枫林。此景此情，你的心情会比天气更寒。倘若换上深秋时节去游，即可饱览流丹溢彩、灿若锦霞、漫山红叶的美景，深秋赏红叶，才是这四座名山的特色。同样，以“春之梦、夏如滴、秋如醉、冬如玉”而名扬天下的庐山，因春天云雾浓重、阴雨连绵，仙人洞、锦绣谷、三叠泉、五老峰、香炉峰等胜景，常被浓云厚雾遮掩，使人“不识庐山真面目”。所以，盛夏登庐山方为最佳选择。

桂林虽有“山水甲天下”的美称，但春季雾大，江水虽然清澈明亮，却常常是雾锁峰峦。夏季多雨，山洪泻入漓江，两岸青山虽然碧翠，但水混浊不清而显得美中不足。因此，观赏桂林山清水秀的优美风姿，金秋时节最为理想。海南三亚市以海滨风光而著称，夏秋两季烈日炎炎，沙滩热气腾腾，若遇台风，波涛汹涌，巨浪排空，此时徘徊在海滩边，难免要吃苦头。冬季反而阳光灿烂、气候温和、风平浪静，畅游大东海浴场和亚龙湾，令人神清气爽、身心舒坦，且甚为安全。

神州梯田美

三月不妨去观赏神州大地的线条美——梯田。美丽的梯田是人与自然共同创造的杰作。

江岭的粉墙黛瓦

江西婺源的田园风光无人不知，无人不晓。海拔千米的高山上，梯田如练似带，层层叠叠，高低错落。梯田下的山窝里藏着一片片粉墙黛瓦，韵味十足。江岭是婺源最值得去的地方。站在江岭高处往下看，只见层层梯田线条曲折，山谷盆地中的小河边，聚集着三四座小村庄，被青山围绕，是一幅极美的乡村画卷。

元阳的神奇雕塑

元阳梯田位于云南元阳县的哀牢山南部，是哈尼族人世世代代留下的杰作。千百年来，依山开垦的梯田绵延红河南岸的红河、元阳、绿春及金平等县，仅元阳县境内就有 17 万亩，堪称世界一绝，被摄影爱好者称为“最神奇的大地雕塑”。三月，野樱花、野木棉花、野桃花漫山遍野地盛开，梯田层层透亮。当太阳升起、晨雾渐散，层层梯田便染上金色，坐落其间的哈尼族山寨被云雾掩映，扑朔迷离。

加榜的形态各异

加榜梯田位于贵州省凯里市从江县的月亮山腹地，一片连着一片，层层叠叠，形状各异。大大小小的梯田中，散落着苗乡独具特色的吊脚楼。清晨，层层云雾缓缓升起，梯田仿佛笼罩着一层薄纱，若隐若现，令人陶醉。

寻找早春花花世界

云南罗平

要欣赏到中国最美的油菜花，除了著名的婺源外，游客不妨趁着早春的气息，前往云南罗平。

在罗平观赏油菜花，最好的地点有两处：金鸡峰和牛街。金鸡峰在罗平县城东北方，登上金鸡岭景台，便能看到油菜花的金浪随风起伏，香气四溢。而牛街在城北，这个地点原叫九龙镇，这里的油菜花田与金鸡峰的大气壮观不同，是比较小巧精致的，梯田随着山势一圈圈地往上绕。这一带的丘陵起伏比较大，油菜花随地形种植，和冬小麦、蔬菜等多种色块交织，别有一番韵味。

小贴士

交通：菜花节期间每天都有从昆明开往罗平的旅游专列。昆明至罗平也有火车，早上8：10由昆明发车，14：00从罗平返回。

住宿：罗平县有多家宾馆、招待所，价格从30～200元/间不等。

美食：当地小吃有白果肉丁、布依族竹裹粑粑、饵丝等。油菜花盛开的时节还可吃到凉拌嫩油菜芽、清炒鲜油菜花。

西藏林芝

在林芝，一年一度的桃花节在3月中旬隆重登场。每年的这个时候，在洁白无瑕的雪峰群山之下，千树万树桃花在春风中含苞怒放，争奇斗艳，吸引了成千上万的游客和摄影爱好者。

小贴士

交通：可先乘飞机到拉萨，再乘坐班车到林芝。

住宿：林芝地区共有8家星级宾馆酒店，价格在150～300元之间，还有多家旅馆、招待所，价格为60～100元。若在大峡谷地区旅游，还可选择住在当地藏民家中，40元左右就可交易。

美食：青稞酒、糌粑、酥油和酥油茶是必尝的特色美食。最有特色的食物为烤猪肉、烤老鼠等。

特产：松茸、手掌参、虫草、门巴木碗、竹编、珞巴石锅等。

成都龙泉

桃花故里是成都市“中国桃乡”龙泉驿区打造的最为著名的赏桃花基地。为国家AAA级风景名胜区。桃花故里有五大景区：九道花湾、七里香埂、桃花诗村、大佛春天、桃源香格里拉。

每逢阳春三月，这里是“成都市国际桃花节”期间的核心旅游景区，其间漫山遍野桃花竞放，灿若云霞，十分壮观。

小贴士

美食：担担面、龙抄手、钟水饺、夫妻肺片、赖汤圆、麻婆豆腐、韩包子等遍布街市，越是不起眼儿的小店越有惊喜。

特色交通工具：人力三轮车，起步价 5 元 / 辆 / 次，总价按照路程远近与三轮车夫协商而定。

出境游要注意哪些问题

留备有关电话号码

在出国前你要带上一份自己的旅行计划和日程安排表，以及必要的联系电话号码，包括你在国内的亲友、所在单位、你乘坐班机的航空公司、组团出游的旅行社，以及随团的导游等人员、在旅游目的地的亲友或者接待单位、就近的中国驻外使领馆的电话号码，并最好复印一份留给你在国内的亲友，以便在需要时同各方面及时取得联系。

护照和签证

出国前你应当仔细检查你的护照上个人资料页填写的内容是否和你本人的情况完全符合，特别是你的姓名（包括汉语拼音名）、出生日期等项，应确保你的护照的有效期至少在 6 个月以上，有足够的空白签证页，并在护照的持照人签名处签上自己的名字。办妥前往国家和途经国家所需要的签证，要注意检查你的签证种类和你的旅游目的地是否相符，入境的有效期限和在旅游目的地的停留期限是否符合你的要求。

另外，为了方便在护照万一丢失或被盗时申领补发护照和所需签证，你应当准备几张护照用照片和几份护照个人资料页和有效签证页的复印件备用。

旅行支票和信用卡

根据你旅行计划的需要，带上足够的国际通用旅行支票和一两个信用卡，尽量少带现金。准备一份带有序列号码的旅行支票复印件，以便你在兑换现金后做记录。

慎重携带药品

许多国家对旅客携带药品入境有严格的限制。为避免在入境时产生不必要的麻烦，所带药品应保持原包装、原标签和原有的使用说明。如果带有特别的药品或是含有麻醉品的药品，务必带上医生的处方和说明你必须服用此种药品的证明书（信）。

如果你不知道哪些药品可以合法随身携带，在出行前务必向旅行社或前往旅行国家的驻华使领馆澄清。

行李箱要轻装牢固

每个行李箱应牢固并且上锁，必要时应使用加固带加固。每件行李内部和外部都应放有你的姓名、地址和电话号码的复印件；行李外部应使用有保护层的行李标签，便于有关人员在必要时查看你的姓名、国籍、航班号以及行李来自何处。

确保通信工具畅通

出国前要和电信局确认你的手机在你前往旅行的国家能够使用；如果不能使用，要寻找其他通信联系办法。

利用好互联网和电子邮件，及时获取旅行信息资料，也是与国内亲友通信联络最快捷、最方便、最省钱的方法。

旅游读匾　受益匪浅

旅游时，我发现很多地方的匾非常有意境，值得一看、一读、一品。

近日，有幸和朋友一起到河南巩义市康店镇，参观了“中国民间小故宫”——康百万庄园。参观了各处陈设景观，仿佛是阅读了一部纵横500年兴衰的史书。然而，留给我印象最深的不是康家鼎盛时期的富有，而是悬挂于主宅区首院过厅内那块镂刻着康家家训的《留余》匾。讲解员说，这叫上留天，下留地。上留天，是指荣而思报，报效朝廷和国家，不尽之巧以还造化，不尽之禄以还朝廷，不尽之财以还百姓，不尽之福以还子孙。下留地，临事让人一步，自有余地，是指富而思济，救济贫众灾民。中心思想是训导子孙做人处事要——留有余地。

匾文体现了儒家“财不可露尽，势不可使尽”的中庸思想。

在这种思想影响下，康家无论是对上还是对下，凡事都留有余地。为此康家恪守“留余”家训，康家前后富裕了12代，兴旺达四百余年。

又一次我旅游抵达玉溪市红塔区研和镇，来到一个几乎与世隔绝的山村，见到了一位姓施的老人。据说，清朝时期他家是村里的大户，至今依然保存着一块祖传的门匾。我们便慕名而去，还没进施家大门，首先就被门头精美的雕刻吸引住了，虽然门头的木头已经有些破旧，色彩些许黯淡，可还是掩饰不了雕工的精美，镂空雕刻的花朵叶、瓣、蕊分明，充满无限生机。户主施老先生向我们展示了一块据说已珍藏了一百多年的老匾，其匾词为四个金黄的大字“居先五福”。据他介绍，“五福”这个名词，原出于《书经》的《洪范》。书中记载的“五福”指长寿、富贵、康宁、好德、善终。只有五福合起来才能构成幸福美满的人生，缺少任何一福都是美中不足。可是人生境遇不如意总是十之八九，要真正达到“五福临门”那种十全十美的人生实属不易，现实生活中，只要占据其中一福，就已经是幸福的人生了。

古曰：一树一菩提，一叶一如来，一花一世界，一木一浮生，一念一清静。我想接一句便是：一匾一人生。为此我不管到哪里去，都特别注意看匾。匾上的题字往往是点睛之笔，非常有哲理，一字值千斤，对感悟人生、启迪智慧、为人处世，都会有很好的警示和借鉴作用，不可不看啊！

机场免税店淘宝秘籍

中国香港国际机场

有人戏称，到香港国际机场的免税店购物，最担心的不是误机，而是不小心把信用卡刷爆。

当然，最不可错过的还得数这里的香港迪斯尼乐园奇妙店。色彩绚丽的店铺里有各种各样的迪斯尼产品，虽然不算便宜，但作为纪念品送人也不错。

日本成田国际机场

如果你是日本数码产品的忠实消费者，机场免税店内的电器区域一定不能错过。无论是索尼超薄数码相机，还是便携式 iPod 音响，都会让你大呼买得过瘾。

各种拌饭吃的芥末、鱼子酱颗粒，手打乌冬面，还有大包的海苔也都备受游客喜爱。

迪拜国际机场

这里是世界最繁忙的国际航空港。最值得一购的是护肤品中的欧莱雅，据说在国内 119 元的欧莱雅男士润肤露，在迪拜才卖两美元。

迪拜的金价比国内便宜20%，款式也多，但是很难找到24K的，一般18K，最多22K。

五大温泉线　泡出新年爽滋味

三亚南田温泉

三亚有名的南田温泉平均水温56℃，富含对人体有益的矿物质，1万立方米日流量世界罕见，难怪会被人称作神州第一泉了。

温馨贴士：南田温泉属医疗氟——硅热矿水，不仅有益皮肤健康，还能调节人体机能，改善风湿病、神经性骨痛、消化道等多种疾病的症状。

厦门日月谷温泉

厦门日月谷温泉主题公园为园林式露天温泉，有72个露天温泉泡池、35种特色温泉。

温馨贴士：在那里，一定要尝尝用纯正的温泉水煮出的蛋，味道很不错哦！

龙胜温泉

龙胜温泉在桂林龙胜县江底乡矮岭溪畔，有着与森林融为一体的浪漫游泳浴池，16 口泉眼，顺着崖隙源源喷出。水温在 38℃ ~58℃，热气腾腾的泉水与林中溪流、瀑布产生了大量负氧离子，形成了天然氧吧。

温馨贴士：当地泉水的一大奇特之处在于不仅能泡，还能直接饮用。

峨眉山灵秀温泉

灵秀温泉是中国最大的露天氡温泉生态浴场，长期泡氡温泉浴会改善人体的消化、神经、心血管、运动以及呼吸系统疾病的症状。

温馨贴士：每年的 11 月至次年 2 月，峨眉山山顶经常晴朗，是观日出、日落、佛光和雪景最好的时候。

山东即墨温泉

即墨温泉地处夏庄——灵山卫断裂带上，地热资源十分丰富，东汉科学家张衡、明代名医李时珍均有治病记载。

温馨贴士：该处已修建疗养院多座，备有先进的洗浴设施。

冬季旅游四忌

一忌长途乘车。冬季出游在选择出行方式时，如果条件允许，最好是乘飞机出行，这样能很快到达目的地。作为工薪阶层来说，最好选择乘火车出行。最忌乘坐长途客车，因为乘长途客车不但有舟车劳顿之苦，而且因气候原因容易引发感冒等疾病，甚至因着凉而引起老毛病复发。

二忌温差过大。在选择出行线路时，最好选择和自己所在城市气温相仿的地方。这样，游客能很快适应当地的气候环境，防止因温差过大而受到疾病的侵袭，或被冻伤。

三忌海拔过高。长期在平原地区生活的人们，初到高原地区由于缺氧，不能尽快适应当地的气候。而且冬季由于受冰雪等恶劣环境的影响，适应当地气候的时间还会更长。

四忌户外活动过久。如果在寒冷的环境中逗留时间过长，不仅皮肤会受到损伤，还有可能引起全身性的疾病。

登山带上淡盐水

在登山之前，体内应摄入足够的主食，如米饭、面食、粗粮以及蔬果，以保证足够的能量维持体力。但不要吃得过饱，以免给肠胃造成负担。登山前不宜食用辛辣、油炸及高糖高盐类食物，以免登山过程中增加口渴感。此外，还应该准备好含有碳水化合物、蛋白质、脂肪的食物，以及时补充消耗的能量。

碳水化合物是供给身体能量的主要物质，主要以面包、蛋糕为主。蛋白质食物有火腿肠、咸鸭蛋、煮鸡蛋等。高脂肪食物能及时补充热量，比如巧克力、果仁等。

登山过程中，水分丢失得很快，应及时补充水分。登山前可事先准备一些凉白开、矿泉水或者 1% 左右的淡盐水。运动时的大量排汗会导致体内电解质的不平衡，运动饮料可以及时补充钾、钠、钙、镁等微量元素，也可以通过食品来补充，如榨菜、雪菜或咸菜等，其中也含有不少微量元素，可以有效对抗疲劳感。此外，别忘了准备黄瓜、西红柿、苹果、香蕉、柑橘等蔬果。

此外，在登山过程中，切忌一次性饮用大量的水，以免造成腹胀或腹痛。应遵循少量慢饮的原则，每次相隔时间不要过短，10 ~ 15 分钟为宜。补充的食物一次性也不要过多，也要以少量多次为宜。

滑雪装备如何挑

滑雪服　滑雪服应该是防水的，除了防水，滑雪服的选择还要考虑以短款为佳，也可用保暖、防风雪、舒适合身、不妨碍行动的普通衣服代替。

滑雪鞋　一双好的滑雪鞋应该使人感到既舒适又很合脚，脚趾在鞋中能活动自如，还要保证鞋的后部坚固，有一定的承受力；脚踝两侧不能有松动；穿上之后小腿能灵活地向前屈。另外，鞋最好扣得稍微紧一点儿，这样能增强鞋的承受能力，更好地控制雪板和滑雪速度。

帽子、手套、头巾　帽子和头巾可以阻挡身体的热量从头部散发，最好选择弹性较好的针织材质，长度要能遮到耳朵。专业的滑雪手套除了保暖还可以防止我们摔倒时将手直接接触雪地，最好选择宽大且五指分开的手套，腕口加长能将袖口罩住的最佳。另外，为了能牢牢地抓住滑雪手杖，也要求手套用耐磨材料制成。

护具　护膝、护肘、护踝、护腕等护具也是滑雪时准备的。初学者在滑雪时会经常摔倒，佩戴这些护具可以有效防止膝、肘、踝、腕等关节挫伤和扭伤。

随身背包　滑雪的时候应该避免随身携带硬物，如果有一个小的背包可以收纳贵重物品、钥匙包、水瓶、小食品等就再好不过了。

三大赏雪胜地

长白山：林海雪原

冬日的长白山，是北国大地上的水墨画：山峰、池水、森林、草地都覆盖着白雪，雪质轻柔、松软、洁白无瑕，雪厚达 1 ~ 2 米，深处可达 3 ~ 4 米，少风沙，无污染。放眼望去，茫茫林海，银装素裹，北风吹来，万树银花，洁白的雪浪此起彼伏。在堆满积雪的树冠下，不时闪出几枝翠绿的松叶，分外生动。

吉林：雾凇奇观

吉林雾凇有着“冬天里的春天”般诗情画意的美。

雾凇之美，美在壮观，美在奇绝。而观赏雾凇，讲究的是在

“夜看雾，晨看挂，待到近午赏落花”。

“夜看雾”，是在雾凇形成的前夜观看江上出现的雾景。大约在夜里十点多钟，松花江上开始有缕缕雾气，继而越来越大、越来越浓，大团大团的白雾从江面滚滚而起，不停地向两岸漂流。

“晨看挂”，是早起看树挂。十里江堤黑森森的树木，一夜之间变成一片银白。棵棵杨柳宛若玉枝垂挂，簇簇松针恰似银菊怒放，晶莹多姿。

“待到近午赏落花”，是说树挂脱落时的情景。一般在上午10时左右，树挂开始一片一片脱落，接着是成串成串地往下滑落，微风吹起脱落的银片在空中飞舞，明丽的阳光辉映到上面，空中形成了五颜六色的雪帘。

杭州：断桥残雪

西湖可赏雪的景点不少，最著名的当然是“断桥”，桥侧有清康熙帝御笔石刻“断桥残雪”四字。相传，旧时断桥顶上有木栅门，每逢大雪过后，从附近的宝石山俯瞰桥上，中间木栅门的一段仿佛断了一截，“断桥残雪”一景由此得名。

除了断桥要去看，还有就是一定不要错过西湖的“雪湖”，有人称雪中西湖乃西湖景观中的极品。

台湾游五大提醒

一、避免环岛游 现在推出的台湾游，多以环岛游为主。短短五六天的行程，从台北到台南，再转到东部的台东，最后赶回台北。完成环岛一周的壮举的同时，却发现大半的时间几乎都在车上，把自己累得半死不说，景点都是走马观花。

其实，游台湾合适的不是赶行程的团体游，而是一个人慢慢闲逛的深度游。

二、避免超低价团 旅游是一分钱一分货，团费便宜的同时，旅行社就会把脑筋动到别的地方赚钱，最后牺牲的还是旅游品质。除此之外，低价团的风险还包括大巴士的安全问题、当地地陪导游的专业素质等。

三、避免在购物点购物 建议不要在购物点买东西，真要购物可以买一些土特产。推荐购买凤梨酥和太阳饼。

四、重点不在自然风光，而在人文风景 到台湾旅游千万别抱着看什么名山胜水的想法，否则肯定失望。到台湾应该重点感受当地的人文风景。

台湾产茶，有茶文化的传统。到台湾茶园一边看台北夜景，一边和三五好友聊天喝茶，真的是惬意又潇洒。

台湾受到日本影响，加上台北位处火山带，故有温泉文化。到阳明山上找一个精致优雅的“汤屋”，泡热腾腾的温泉，身心都能得到彻底的放松。

五、定下心来看历史 台湾到清朝才建为行省，有历史吗?其实，光一座台北故宫就够你看的了。国民政府从北京故宫搬来的国宝，全都收藏在台北故宫，这是明清皇帝珍贵的宫廷收藏，有傲视全球的宋画、唐三彩瓷器等，可以说是中华文明最精华的瑰宝。

同时，近代史的点点滴滴，也会是您感兴趣的。比如蒋介石的住所，宋美龄为了款待外国客人特别盖的圆山饭店等遗迹。所以，建议您定下心来看历史。

旅游中DV使用八注意

一、沿途注意器材的安全保护。DV 尽可能随身携带，不要因汽车的颠簸造成器材的磕碰损伤。在拍完一个片段后，不要忘记关闭拍摄键，以免浪费磁带和电池。

二、尽量不要边走边拍。在人多拥挤的地方，边走边拍容易与人发生碰撞。

三、尽量不在同一时间进行 DV 摄像和图片摄影。相对而言，摄像注重流程而拍照注重瞬间，想要二者兼得的后果往往是顾此失彼。

四、寻找独特的拍摄角度。对广为人知的风景区进行个性化处理，不求全贪大，而是发现被多数人所忽略的某些侧身和背影。

五、注意镜头的时间。拍摄每 5 ~ 10 秒钟就切换一次镜头，这样就能使观看的人不厌倦。在拍摄时要留下一些明显的标记，否则时间一长就容易忘记是在哪里拍的景象。

六、尊重各地的地方风俗或民族习惯。在拍摄时要注意捕捉当地最有代表性的声音元素，搜集各地民间音乐或戏曲资料。语调各异的方言、抑扬起伏的叫卖声、旋律质朴的民歌小曲，都是“DV 游记”中不可或缺的构成元素。

七、利用短暂的休息时间，检查一下机器是否正常录像。留意电池和磁带的剩余量，不要把电池和磁带全部用完，稍留一点儿电量和磁带，以备遇到突如其来的事件时可以及时抓拍。

八、注意天气变化。外出时可事先准备几个塑料袋，遇到雨天或雾天等特殊天气时，可将 DV 包裹起来。

老人春游七提示

一、考虑目的地天气，从健康角度出发，千万不可“逞强”。

二、除了选择感兴趣、没去过的新鲜地方，还要考虑到旅游景点的地理条件和舒适度，也可结合年龄和身体状况来选择目的地。

三、提前向旅行社索取行程安排，一天赶几个景点甚至一天跑两座城市或国家的行程要慎重考虑，夜生活太丰富的行程也不适合。

四、飞机团人数较少，可减少旅途的疲惫，但有较严重的呼吸器官疾病、严重胃病等要慎重考虑。邮轮旅游白天上岸游览，晚上在船上享受各种娱乐设施，2 天 1 夜的短途到 7 天 6 夜的长途较适合老年人。许多旅行社会定期开设老年火车游专列，对喜欢在路上看风景、预算有限的老人家是最佳选择。一些新潮老人喜欢跟子女或亲戚一起驾车游，但老年人不太适合参加路途太远的自驾车活动。

五、出门前检查身体状况，带好常用药，并按时服用。如随团有医护人员，最好将自己的身体状况做个报备。

六、国家规定国内国有景区门票对60岁以上老人一律减免，一些商业景区也会有类似规定，带上老年证可以节省不少开支。一些航空公司也会针对老年人推出优惠票价，不妨细心留意。

七、购买土特产最好去大超市，购买珠宝时要索取发票。发现问题及时向旅行社反映，并向当地旅游主管部门投诉。

帐篷切勿随处搭

如果计划野外郊游，搭帐篷必须注意三个方面，“首先是安全性，在搭帐篷前要先勘探好地形，不要在石头易滑落、容易被水淹没的地方扎营。第二是舒适性，应选择平坦、干燥的地方，最好是薄草坪。第三，要在水源附近搭帐篷。”另外，很多公园为了防治虫害，会给草坪林木喷洒农药，如果在公园或景区游玩，一定要在指定区域内搭帐篷。否则，不但会破坏环境，还有可能引起皮肤过敏等健康问题。

对于野外生存的专业帐篷来说，帐篷的搭建非常重要，应先固定内帐四角，支撑外帐时，除与篷杆连接牢靠外，还要特别注意拉好牵绳，使外帐绷紧，以达到最佳的防雨性。有裙边的帐篷，应用软土或沙土压好，这样更容易防风。地钉的固定要稍倾斜 35 ~ 45 度，与牵绳成直角，这样有利于达到最大的受力强度。在固定顺序上应本着对应固定的原则，比如先固定左前角、然后依次固定右后角、右前角、左后角，整个帐篷固定后，再调整牵绳拉线使各方面牵拉受力一致。撑好帐篷之后，内外帐不要贴在一起，否则会影响防雨。

最后需要指出的是，帐篷的维护和清理也很重要，要及时清理帐篷底面、擦净泥沙、晾晒帐篷，以免霉变。不要用洗涤用品，否则会影响其防水效果。

出游穿双厚袜子

出游时，难免会爬山、走长路，而且郊外的路一般都凹凸不平，如果穿薄袜、丝袜或者光脚穿鞋，都容易因脚部出汗而脚底打滑。另外，运动鞋的鞋帮和鞋腰通常比较硬，如果穿薄袜子，就会使脚踝失去保护，在走陡坡或石子路时，极易扭伤脚踝，尤其女性更为常见。

此外，人的脚底皮肤比较细嫩，薄袜子，尤其是丝袜特别容易在出汗后和脚底粘在一起，磨损脚底皮肤，引起水泡或厚茧。而厚袜子，它的脚底部一般比较厚实，可以起到缓冲压力的作用，能有效保护足弓和脚底皮肤。

就质地来说，建议最好选择比较厚实的纯棉线袜子或脚底比较厚的薄毛巾袜都可以。

遭遇森林火灾自救五法

1. 在森林中遭遇火灾一定要密切关注风向的变化，因为这说明了大火的蔓延方向，也决定了你逃生的方向是否正确。

2. 当烟尘袭来时，用湿毛巾或衣服捂住口鼻迅速躲避。若躲避不及时，应选择附近没有可燃物的平地卧地避烟。切不可选择低洼地或坑、洞，因为低洼地和坑、洞容易沉积烟尘。

3. 如果被大火包围在半山腰时，要快速向山下跑，切忌往山上跑，通常火势向上蔓延的速度要比人跑得快得多。

4. 一旦大火扑来的时候，如果你处在下风向，要做决死的拼搏，果断地迎风对火突破包围圈。切忌顺风撤离。如果时间允许可以主动点火烧掉周围的可燃物，当烧出一片空地后，迅速进入空地卧倒避烟。

5. 顺利地脱离火灾现场之后，还要注意在灾害现场附近休息的时候要防止蚊虫或者蛇、野兽、毒蜂的侵袭。

旅游怎样打点行李

旅游行李带些啥？出门时首先一定要记得携带包括车票或机票、护照、身份证等在内的重要文件物品，建议放在随身携带的小包里，地图、旅行日程表、地址电话通讯录等也可考虑带上。外出旅游，特别是要两天以上的线路旅游，要注意旅游服装的选择。一般说来，旅游服装的选择原则是：透气性好，吸热少，吸水性强，耐脏，易洗。另外，相机、充电器、生理用品等也需要装进行李箱。旅游时，带一把折叠伞，可以避免旅途中下雨挨淋，强太阳光也不怕。墨镜、太阳帽也可带上。

旅游行李咋打包？在打点行装时，尽量把携带的物品打包成小型，留出空间装旅途中购买的纪念品和礼物。大件较重的物品可以放在最底层，小件的、较轻的放在上面，这样搬运起来也比较轻松；容易破碎的物品可以用衣物或毛巾裹起来，在行李空隙处可塞入卷筒状的毛巾或柔软且不易皱的衣服。剩余空间可放置手帕、袜子等小件物品。东西放置愈紧密，愈不会损伤行李。

行李超重该咋办？有时候让行李超重的只是一些旅途中可有可无的物品，这时候不妨试着将这些物品寄回家里，大部分机场都会提供“寄回服务”。如果实在不能精减行李，可与航空公司联系，安排提前或推迟托运不太急用的物品，这样费用也会低一些。

哪种背包方式更佳

双肩背与单肩背　单肩背由于受力不均，引起的问题肯定会多，如果可以选择的话，尽量选择双肩背。

粗肩带与细肩带　细肩带压在肩膀上，受力面积非常小，压强自然增大，久背之后会很不舒服，而且肩颈部的肌肉劳损会加剧。千万不要选择质材过硬的、金属链状的包带。

长带与短带　背包时，受力的支点在肩上，就像杠杆原理，包带越长摩擦力越大。为减少肩部所受的力，包带还是缩短点比较好。

背在前与背在后　把包刚好背在手臂与躯干之间，用手轻轻夹住，这种“背中间”的方式可以减轻肩部所担负的力量，对于一定要背单肩包的人来说是一个不错的选择。如果不喜欢夹着，包稍往后挪比往前要好。腰背部的肌肉较胸腹部的多，所承受的力也更多。更重要的是，如果背包长期背在前面，重力在前，身体会不知不觉前倾，出现驼背，影响美观，而往后背则利于身体保持挺拔。

手拎与臂挽　用手拎着包，手臂的关节需要前后摆动、屈伸，很容易造成网球肘。而臂挽包则可锻炼到肱二头肌，如果长期单侧臂挽，很容易出现一条手臂较粗，另一条较细的情况，而且长期弯曲手臂，肌肉也较容易疲劳。专家提醒，用这两种方法时一定要为包减负并经常左右手轮换。

五招减轻时差影响

乘坐飞机到国外旅行时，在一天内跨越不同时区，由于时差的变化，会引起人体内控制血压、体温和血液中各种激素水平的生物钟紊乱，使人感到眩晕、疲劳、虚弱、情绪失控等，特别是老年人表现明显，这些症状统称为时差综合征。

如何减轻时差对人体造成的影响呢？

1. 乘坐飞机前保证充足睡眠。

2. 脱水会加剧时差的影响，在飞行途中应当多喝水，不要喝含酒精的饮料，以避免身体脱水。

3. 乘坐飞机前饮食也要作相应调整，早饭和午饭主要吃蛋白质含量高的食品，如瘦肉、鸡蛋等，晚餐吃含糖量高的食品，如炸薯条、甜点等，下午 3 ~ 5 点间不要喝咖啡。在上飞机前 1 ~ 1.5 小时，要注意摄取高热量的食品，可选食面包、面条、酸奶、瓜果等。 少食多纤维和容易产生气体的食物，因为这些食物会加重胸闷腹胀的感觉。

4. 宜穿宽松的衣服，以使体内的血流畅通。

后 记

《中国剪报》创刊已届而立之年，为了感恩广大读者三十年来的相伴与厚爱，我们编发了两套十六册精选丛书，其中，《中国剪报》精选八册，《特别文摘》精选八册。丛书所编文章全部源自《中国剪报》报纸和《特别文摘》杂志，并按专题分类编辑，一书一专题，与报纸杂志专题栏目相对应，以方便读者阅读与收藏。

三十年来，我们已编辑出版《中国剪报》《特别文摘》一报一刊的文字总量约 1.8 亿，本书从中精选出 400 余万字与读者分享。当下，浏览式、碎片化阅读方式流行，我们编撰丛书旨在倡导纸质阅读，引导数字阅读，让梦想与阅读相伴，激情与沉思交替。读书是个人的事，也是社会的事，一个喜欢读书的人，有助于养成沉静、豁达的气质。一个书香充盈的社会，必会有一个向上向善的文明生态。俄裔美籍作家布罗茨基有一句名言："一个不读书的民族，是没有希望的民族。"读书应是人类为了生存和培养竞争能力而行走的必要途径，更是一种社会责任和担当。正是缘于这份责任和担当，剪报人三十年如一日，朝乾夕惕，孜孜不怠地编好报、出好刊，让报刊更多散发着知识魅力、学养魅力和品格魅力，涵养着读书种子生生不息。

丛书编罢，掩卷感恩。首要感恩读者朋友，是你们成就了《中国剪报》三十年辉煌；还要感恩作者，是你们的神来之笔，诠释了生活的真谛，让过往的岁月留下深刻的印记；还要感恩编者，《中国剪报》《特别文摘》的编辑队伍是一支有理想、有抱负、有责任、有担当的优秀团队，其中多数同志受过新闻或中文的研究生学历教育，多年来，他们选编的文章深受广大读者朋友的喜爱；还要感恩新华通讯社对外新闻编辑部原主任、高级记者杨继刚先生为全书的编辑给予了悉心指导；还要感恩新华出版社总编辑要力石先生为丛书的选编、版式、装帧等给予了热忱帮助；还要感恩著名散文大家、人民日报原副总编辑梁衡先生在百忙之中为本书撰写精美的序言；还要感恩梁霄羽先生为丛书的编辑出版付出了大量的辛勤劳动。

丛书付梓，值此，谨向三十年来所有关心和支持《中国剪报》《特别文摘》事业发展的领导和朋友们表示诚挚的谢意！

限于编者水平，本书尚有疏漏之处，恳请批评、教正；尚有部分原作者未及告之，恳请见谅并联系我们，以便寄付稿酬。

阅读有爱，传书有情。当您手里摩挲着这套丛书时，愿您喜爱她，让书香怀袖，含英咀华，滋养浩然之气！

编　者

2015 年 5 月 4 日